EXPOSÉ ÉLÉMENTAIRE

DES

PRINCIPES

DU

DROIT

INTERNATIONAL PRIVÉ

PAR

V. LERAY

LICENCIÉ ÈS-SCIENCES MATHÉMATIQUES
DOCTEUR EN DROIT
RÉPÉTITEUR DE DROIT

Prix : 2 fr. 50

PARIS

V. LERAY, Avenue des Gobelins, 29

1897

EXPOSÉ ÉLÉMENTAIRE

DES PRINCIPES

DU DROIT INTERNATIONAL PRIVÉ

EXPOSÉ ÉLÉMENTAIRE

DES

PRINCIPES

DU

DROIT

INTERNATIONAL PRIVÉ

PAR

V. LERAY

LICENCIÉ ÈS-SCIENCES MATHÉMATIQUES
DOCTEUR EN DROIT
RÉPÉTITEUR DE DROIT

———

Prix : 2 fr. 50

PARIS

V. LERAY, Avenue des Gobelins, 29

1897

DROIT INTERNATIONAL PRIVÉ

GÉNÉRALITÉS

Le droit international régit les rapports des peuples entre eux ; il se divise en public et privé. Nous n'avons pas à nous occuper ici du droit international public. Le droit international privé, objet de ce travail, est l'ensemble des règles applicables aux rapports que, *dans l'ordre des intérêts privés*, des personnes appartenant à des nationalités différentes peuvent avoir entre elles ; — c'est le droit qui, après avoir déterminé la nationalité des personnes, règle les rapports des États quant à l'efficacité des jugements rendus par leurs tribunaux ou des actes reçus par leurs officiers publics ; enfin, et surtout, quant au conflit de leurs lois *d'ordre privé*.

En fait, il y a autant de législations internationales qu'il y a de législations nationales, car chaque pays n'admet pas les mêmes règles juridiques pour trancher les difficultés à la solution desquelles, dans son territoire, les étrangers sont intéressés ; mais, *en droit*, le droit international privé est un droit unique et commun, en voie de formation, et il faut souhaiter que les nations se mettent d'accord sur les très nombreux points encore controversés actuellement.

Dans une première partie nous rechercherons qui est français, et nous exposerons la théorie de la nationalité ; — dans une seconde partie, nous étudierons la condition des étrangers en France ; — enfin, dans une troisième partie, nous examinerons la théorie du conflit des lois.

PREMIÈRE PARTIE

THÉORIE DE LA NATIONALITÉ

La nationalité est le lien qui rattache une personne à un État déterminé. La jouissance de certains droits en France, notamment celle des droits politiques, n'appartenant qu'aux Français, il importe de rechercher qui est français.

A la fin de notre ancien Droit, étaient français : 1° *jure sanguinis*, comme conséquence de la nationalité des parents (1), les enfants nés, soit en France

---

1. Aujourd'hui encore, la législation allemande ne reconnaît que le *jus sanguinis*. — l'Italie se rapproche beaucoup de notre droit actuel. — Inversement, les législations des États de l'Amérique du Sud (ex. : République Argentine) s'en réfèrent exclu-

soit à l'étranger, de parents français; — 2° *jure soli*, en considération du lieu de naissance, les enfants nés, en France, de parents étrangers.

Dans le Droit intermédiaire, ce cumul des deux principes subsista. D'après la constitution de 1791, 1° tout étranger né en France était Français, à condition qu'il fixât son domicile en France; — 2° les enfants des Français, même nés à l'étranger, étaient français, mais ils devaient pour cela fixer leur résidence en France et prêter le serment civique. — Sauf modifications de détail, c'était aussi la règle posée par les constitutions de l'an III et de l'an VIII.

Les rédacteurs du Code civil se montrèrent hostiles au principe de l'acquisition, *jure soli*, de la qualité de français. Pour eux, la filiation seule pouvait déterminer la nationalité : le *jus sanguinis* était, par suite, seul pris en considération. C'était exagéré. En effet, on refusait ainsi la qualité de français à tous les étrangers établis à demeure dans notre pays ; or ces étrangers avaient, en France, à peu près les mêmes avantages que les nationaux, tout en échappant aux plus lourdes obligations de ceux-ci, particulièrement au service militaire. Cependant l'art. 9 du Code de 1804 décidait que tout individu né en France d'un étranger, était présumé étranger, mais qu'il avait le droit, en fixant son domicile en France, de réclamer à sa majorité (telle qu'elle était fixée par la loi étrangère), la nationalité française. Cet étranger était, en somme, français sous condition suspensive (1).

La loi du 7 février 1851 commença la réaction contre le principe posé par les rédacteurs du Code civil, en disposant que tout individu né en France d'un étranger *qui lui-même y était né*, était Français, à moins que, dans l'année de sa majorité (majorité fixée par la loi *française*), il ne réclamât la qualité d'étranger par une déclaration émanée de lui. — Cette déclaration, que cet individu faisait souvent, pour échapper aux charges que doivent supporter les Français, dut, d'après la loi du 16 décembre 1874, être accompagnée d'une pièce justifiant que celui qui était né, en France, d'un étranger qui y était né lui-même, avait conservé sa nationalité d'origine ; cette justification se faisait au moyen d'une attestation émanée du Gouvernement du pays auquel on voulait se rattacher.

Quant à celui qui était né en France d'un étranger qui n'y était pas né lui-même, il restait toujours soumis aux dispositions de l'art. 9 du Code civil de 1804.

C'est dans ces conditions qu'est intervenue la loi du 26 juin 1889 qui abroge les lois précédentes, et règlemente à nouveau toute la matière de la nationalité, en tendant à augmenter le nombre des Français, c'est-à-dire des soldats. — Cette loi de 1889 a été complétée elle-même, sur un point, par la loi du 22 juillet 1893. — Un règlement d'administration publique, en date du 13 août 1889, a, de même, complété la loi du 26 juin 1889 et certains points de détail ont été réglés par une circulaire adressée par le Garde des Sceaux aux Procureurs généraux, le 23 août 1889.

sivement au lieu de la naissance, au *jus soli*, pour déterminer la nationalité. — Ce qui peut faire naître un conflit, puisqu'un enfant né d'un Français dans la République argentine est considéré, *jure sanguinis*, comme Français par la France et, *jure soli*, comme sujet de la République argentine par la législation de celle-ci. Ces conflits, et autres semblables, sont, en général, quand ils se produisent, réglés par la voie diplomatique.

1. D'où un conflit possible : La Belgique admet ces mêmes règles ; supposons un enfant né en Belgique d'un père français. S'il opte pour la nationalité belge, il sera belge en Belgique ; mais, pour la législation française, il est français *jure sanguinis*.

CHAPITRE I

ACQUISITION DE LA QUALITÉ DE FRANÇAIS.

Section I. — Acquisition par la naissance. — § 1. — Enfants nés de Français. — Que la naissance ait lieu en France ou à l'étranger, tout individu né d'un Français est Français (nouvel art. 8, C. civ., loi de 1889) : si donc le père a changé de patrie entre le jour de la conception et celui de la naissance, c'est au moment de la naissance de l'enfant qu'il faut se placer pour déterminer la nationalité du père et, par suite, celle de l'enfant. Ce point, cependant, est contesté.

Il peut arriver qu'on ne sache pas immédiatement si un individu est, ou non, français : il suffit de supposer qu'un enfant naturel n'ait pas été immédiatement reconnu. L'enfant naturel mineur, décide la loi nouvelle, suit la nationalité de celui des parents par qui la reconnaissance a eu tout d'abord lieu. Si cette reconnaissance résulte, pour le père et la mère, du même acte ou du même jugement, l'enfant suit la nationalité du père.

§ 2. — ENFANTS NÉS D'ÉTRANGERS. — A. — Etrangers nés en France d'un étranger qui lui-même y est né. — Les lois de 1851 et de 1874 n'ayant pas donné de résultats suffisants, la loi de 1889 a décidé qu'à la deuxième génération les étrangers nés en France seraient français : « Est français, dit le nouvel art. 8-3° du Code civil, tout individu né en France d'un individu qui lui-« même y est né. » — Cette innovation est la plus importante de la loi nouvelle. La nationalité ne dépend plus uniquement, désormais, de la filiation, du *jus sanguinis*. — Elle dépend, dans ce cas, du *jus soli*.

Avant la loi de 1889, les individus nés en France d'un étranger qui lui-même y est né, étaient français sous condition résolutoire. — Maintenant ils sont français *de plein droit* et doivent, comme tels, le service militaire. — Du reste ces individus sont français au point de vue de l'esprit, des tendances, des habitudes, des mœurs ; on a le droit de leur supposer un véritable attachement pour le pays où leurs auteurs et eux-mêmes sont nés, où ils ont été élevés, où ils ont leurs intérêts, leurs relations, leurs amitiés.

L'application de la loi de 1889 a, ici, fait naître une difficulté : Supposons un mariage entre un étranger né à l'étranger et une femme née en France. Ces deux époux ont, supposons-le, un enfant *qui naît en France*. — Pourra-t-on dire que cet enfant est français de naissance, par suite de ce fait qu'il est né en France, et que sa mère, mais non son père, y est également née ?

La question, controversée sous l'empire de la loi de 1889, tranchée dans le sens de l'affirmative par l'arrêt de cassation du 7 déc. 1891, a été résolue par **la loi du 22 juillet 1893,** qui dispose ainsi : « Est Français tout individu né en France de parents étrangers dont l'un y est lui-même né ; — sauf la faculté pour lui, *si c'est la mère qui est née en France,* de décliner, dans l'année qui suivra sa majorité, la qualité de Français, en se conformant aux dispositions du § 4 de l'art. 8. — L'enfant naturel pourra, aux mêmes conditions que l'enfant légitime, décliner la qualité de Français quand le parent qui est né en France n'est pas celui dont il devait, aux termes du § 1er, 2e alinéa, suivre la nationalité ».

B. — *Etrangers qui, nés en France de parents nés à l'étranger, sont domiciliés en France à l'époque de leur majorité.* — Est Français, dit l'article 8, § 4 nouveau, du Code civil, tout individu né en France d'un étranger et qui, à l'époque de sa majorité, est domicilié en France, *à moins* que dans l'année qui suit sa majorité, telle qu'elle est réglée par la loi française, il n'ait décliné la qualité de français. L'enfant, peut-on dire pour justifier cette disposition, l'enfant qui réunit la double condition d'être né en France et d'y être domicilié à l'époque de sa majorité, qui, par conséquent, doit être présumé l'avoir habitée pendant sa minorité, peut à juste titre être considéré comme lui étant attaché par des liens puissants. La France est son pays natal, il y a été élevé, il ne connaît point d'autre patrie : Pourquoi, dès lors, ne serait-il pas considéré comme un Français ? Ainsi, à sa majorité, l'individu domicilié et né en France est considéré comme Français de naissance. Mais, à cette majorité, il peut opter pour la nationalité étrangère : à quelles conditions ?

Il doit : 1º Décliner la qualité de Français au moyen d'une déclaration reçue par le Juge de Paix de son canton ; — 2º Prouver qu'il a conservé la nationalité de ses parents par une attestation de son gouvernement, laquelle doit demeurer annexée à la déclaration. Cette attestation sera, en pratique, assez difficile à obtenir ; — 3º Produire, *s'il y a lieu*, un certificat constatant qu'il a répondu à l'appel sous les drapeaux conformément à la loi militaire de son pays. Il ne faut pas que, en réclamant la qualité d'étranger, il échappe au service militaire en France et dans son pays d'origine. Aux yeux du législateur de 1889, il y a une corrélation certaine entre service militaire et nationalité. « *S'il y a lieu* », dit la loi. En effet, il y a des pays où le service militaire n'existe pas, ou n'est pas obligatoire (Ex. : Angleterre). Inutile d'ajouter que cette troisième condition ne peut s'appliquer qu'aux domiciliés mâles.

Ces formalités ou justifications doivent être accomplies dans le cours de la vingt-deuxième année ; si elles l'ont été, les domiciliés, nés en France, de parents étrangers, *perdent* la qualité de Français. — L'option est, d'ailleurs, irrévocable. Les mineurs, français de plein droit sauf option à leur majorité, peuvent renoncer à l'avance, par l'intermédiaire de leur représentant légal, au droit de décliner la qualité de Français dans leur vingt-deuxième année.

§ 3. — ENFANTS NÉS EN FRANCE DE PARENTS INCONNUS. — Tout individu, né en France de parents inconnus ou dont la nationalité est inconnue, est français ; chacun doit avoir une patrie : il est naturel d'attribuer, jusqu'à preuve contraire, la patrie française à celui qui est né en France : c'est une application du *jus soli*. Quand la loi dit : *parents inconnus*, elle entend ceux que l'on ne connaît pas du tout et ceux qui, connus en fait, ne peuvent pas se faire connaître en droit : les enfants adultérins ou incestueux, en effet, ne peuvent être reconnus. Cependant si, exceptionnellement, la filiation adultérine est certaine, par ex. au cas de désaveu de paternité, la nationalité de l'auteur connu est celle de l'enfant.

Section II. — Acquisition de la qualité de Français par la naturalisation.

— Nous avons examiné, dans la section précédente, comment on naît français ; voyons maintenant comment on le devient ; on peut le devenir par la naturalisation ou par l'annexion ; occupons-nous d'abord de la naturalisation. — La naturalisation est la concession de sa nationalité par un État à un sujet d'un État étranger qui la sollicite en établissant qu'il remplit les conditions exigées à cet égard par la loi dudit État.

Ce qu'on a appelé le lien d'*allégeance perpétuelle*, c'est-à-dire le fait par un

Etat, de ne reconnaître dans aucun cas à ses sujets le droit de changer de nationalité, doit être répudié (cependant la République argentine et le Vénézuéla l'admettent encore).

On peut distinguer deux sortes de naturalisations : l'une est une pure *faveur* de la part de l'Etat qui la concède et qui peut, à son gré, la refuser. C'est la naturalisation proprement dite ; quant à l'autre, il est certains cas dans lesquels l'acquisition de la nationalité française est un *droit* pour l'étranger. C'est la naturalisation de droit, ou mieux encore l'acquisition de la nationalité française par le *bienfait de la loi*. — Etudions successivement ces deux manières de devenir français.

§ 1. — De la naturalisation proprement dite, faveur conférée par décret. — A. — La naturalisation est aujourd'hui un acte souverain et discrétionnaire de la puissance publique, en vertu duquel un étranger acquiert le titre et les droits de citoyen français : C'est une faveur. Il n'en a pas toujours été ainsi.

Sous l'ancien régime, il est vrai, la naturalisation était également une faveur, que le souverain accordait, ou non, suivant son bon plaisir. — Mais sous la période intermédiaire, la naturalisation devient un droit ; l'intervention du gouvernement n'est plus nécessaire pour la conférer. Différentes lois astreignent simplement l'étranger qui veut devenir français, soit à prêter un serment civique, soit à fixer son domicile en France pendant un temps plus ou moins long, etc. Et quand ces conditions sont remplies, au moins au début de la Révolution, on est français, même sans l'avoir voulu.

Les rédacteurs du Code ne s'occupèrent pas de tracer les règles et d'indiquer les effets de la naturalisation, qui subsista telle qu'elle était antérieurement. — Or, en ne faisant dépendre cette naturalisation que de certaines conditions faciles à remplir, et en laissant de côté le contrôle, l'autorisation du Gouvernement, on s'exposait à protéger des individus qui étaient plutôt, pour le pays, un véritable danger. Aussi un décret du 17 mars 1809 rendit-il nécessaire l'autorisation du Gouvernement ; ce principe, depuis lors, a toujours été admis.

Une ordonnance du 14 juin 1814 établit deux naturalisations. La *naturalisation simple*, accordée par le Chef de l'État, assimilait l'étranger naturalisé aux français, moins l'éligibilité aux Chambres. *La grande naturalisation*, accordée par une loi, conférait en plus, le droit de pouvoir être membre de la Chambre des Pairs ou de celle des Députés. Le 5 mars 1848, un décret du Gouvernement provisoire supprima cette distinction. Il n'y eut plus qu'une seule naturalisation, la grande.

La loi du 3 décembre 1849 exigea, pour que la naturalisation pût être accordée par décret : 1° que l'étranger eût été autorisé à établir son domicile en France; 2° que, depuis cette autorisation, il eût résidé pendant 10 ans en France (un an s'il avait rendu au pays des services importants). La loi du 29 juin 1867 réduisit à 3 ans le délai de 10 ans fixé par la loi de 1849. — Ajoutons qu'un décret du Gouvernement de la Défense Nationale, en date du 26 octobre 1870, a accordé la naturalisation aux étrangers qui, ayant pris part à la défense de la France, en auraient fait la demande deux mois au plus tard après la cessation des hostilités.

La loi du 26 juin 1889 a indiqué, dans la seconde partie du nouv. art. 8 du C. civ., plusieurs cas de naturalisation. Avant de les étudier en détail, parlons de l'admission à domicile.

B. — **De l'admission à domicile**. — L'étranger autorisé, par décret, à fixer son domicile en France, y jouit de tous les droits civils, dit l'art. 13 du Code civil. Autrefois, l'étranger admis à domicile pouvait en rester là, avoir tous les avantages civils attachés à la qualité de Français, sans avoir à en supporter les charges. C'était exorbitant : depuis la loi du 26 juin 1889, la jouissance des droits civils ne peut plus être que temporaire, si elle n'est pas suivie de la naturalisation. L'effet de l'autorisation de domicile cesse à l'expiration de cinq années, si l'étranger ne demande pas la naturalisation, ou si la demande est rejetée. Art. 13.

L'étranger qui veut obtenir l'autorisation de fixer son domicile en France adresse au Ministère de la justice une demande rédigée sur papier timbré, accompagnée de son acte de naissance, de celui de son père, et d'un extrait du casier judiciaire français (art. 1er, décret du 13 août 1889). Il doit être majeur de 21 ans. Après une enquête sur la moralité du postulant, le gouvernement accorde ou refuse, à son gré, l'admission à domicile. L'autorisation peut toujours être révoquée.

L'étranger admis à domicile jouit d'avantages considérables que n'ont pas, en France, les étrangers ordinaires, et qui seront énumérés plus loin. De plus, cette autorisation de domicile peut conduire à la naturalisation.

Remarque. — Un Français peut avoir son domicile, c'est-dire son principal établissement, à l'étranger. — D'autre part, si un étranger n'a pas obtenu en France son admission à domicile, la jurisprudence lui reconnaît un domicile *de fait*, permettant de le poursuivre devant le tribunal de ce domicile et d'y déclarer, au cas de décès, sa succession ouverte. En théorie on admet, dans une opinion, que l'étranger non autorisé, mais ayant en France son principal établissement, y a, par cela même, un domicile véritable.

C. — *A quelles conditions on peut aujourd'hui, en France, obtenir la naturalisation*. — Il y a plusieurs **modes de naturalisation** :

a) *Naturalisation ordinaire*. — Les étrangers autorisés peuvent, *par décret*, être naturalisés après *trois ans de domicile en France*, à dater de l'enregistrement, au Ministère de la justice, de leur demande d'admission à domicile. Rappelons qu'ils doivent demander la naturalisation dans le délai de cinq ans à partir de l'admission à domicile.

b) *Autre naturalisation ordinaire : Étrangers résidant en France depuis dix ans*. — Avant la loi de 1889, un étranger ne pouvait être naturalisé s'il n'avait été préalablement autorisé à établir, en France, son domicile ; la simple résidence de fait, quelle que fût sa durée, ne pouvait suffire. Désormais, aux termes de l'article 8, Code civil, peuvent être naturalisés, *par décret*, et sans admission à domicile préalable, les étrangers qui justifient d'une résidence non interrompue pendant dix années. Est assimilé à la résidence en France, le séjour en pays étranger pour l'exercice d'une fonction conférée par le gouvernement français.

c) *Naturalisations privilégiées*. — I. — L'étranger qui a obtenu l'autorisation d'avoir son domicile en France peut être naturalisé au bout *d'un an* : 1° s'il a épousé une Française ; 2° s'il a rendu à la France des services importants, ou s'il a été attaché, à un titre quelconque, au service militaire dans les colonies et les pays de protectorat français ; — et dans plusieurs autres cas où sa présence en France est considérée comme utile au pays, par exemple s'il a créé des établissements industriels ou des exploitations agricoles (art. 8, nouv., Code civil).

L'étranger qui épouse une française doit, s'il veut obtenir la naturalisation après une année de domicile autorisé, produire l'acte de naissance de sa femme, et l'acte de naissance du père de celle-ci, si cet acte est nécessaire pour établir son origine française (art. 3, décret du 13 août 1889).

II. — *Descendants de Français expatriés pour cause de religion.* — Le 15 décembre 1790, une loi de la Constituante facilita l'obtention de la naturalisation pour les descendants des Français proscrits à la suite de la révocation de l'Edit de Nantes. Revenir en France, y fixer son domicile, prêter le serment civique : telles étaient les trois conditions exigées par cette loi. Depuis la loi de 1889, le descendant de proscrit protestant qui veut recouvrer la nationalité française doit adresser une demande au ministre de la justice, et chaque naturalisation fait l'objet d'un décret spécial : le gouvernement est donc libre de refuser, même dans ce cas, la nationalité française, en sorte que la faveur faite aux descendants des proscrits consiste surtout dans la dispense du stage préalable à l'obtention du décret.

D. — *Procédure de la demande de naturalisation.* — L'étranger qui demande la naturalisation doit, dans tous les cas, adresser au ministre de la justice une demande sur papier timbré, en y joignant son acte de naissance, un extrait du casier judiciaire, et, le cas échéant, son acte de mariage et les actes de naissance de ses enfants mineurs, avec la traduction de ces actes, s'ils sont en langue étrangère. Il est statué par décret, après enquête, sur la demande. Sous l'empire de la loi de 1867, ce décret ne pouvait être rendu que le Conseil d'Etat consulté. La loi nouvelle a supprimé cette formalité. D'ailleurs, alors comme aujourd'hui, le gouvernement avait un pouvoir discrétionnaire pour accorder, ou non, la naturalisation.

E. — *Effets de la naturalisation, faveur obtenue par décret.* — a) *Effets personnels à celui qui a obtenu la naturalisation.* — Les droits que confère la naturalisation ne sont acquis que pour l'avenir. — De plus, l'étranger naturalisé depuis la promulgation de la loi nouvelle ne peut être élu *aux Assemblées législatives* que dix ans après le décret de naturalisation, à moins qu'une loi spéciale n'abrège ce délai qui peut être réduit à un an. — Sauf cette exception, l'étranger naturalisé jouit de tous les droits civils et politiques attachés à la qualité de citoyen français. Par exemple, il est immédiatement éligible aux fonctions de Conseiller général, d'arrondissement, municipal.

b) *Effets par rapport à la famille du nouveau français.* — C'est uniquement, quoi qu'on en ait dit, dans l'hypothèse de la naturalisation que s'est, en 1889, placé le législateur pour réglementer les effets de l'acquisition de la qualité de français par rapport à la famille du nouveau français. Il a estimé, et avec raison, qu'il était bon d'étendre, autant que possible, ces effets de la naturalisation à la femme et aux enfants du naturalisé, afin d'*assurer l'unité de législation dans la famille.*

I. — *Condition de la femme.* — La femme, même séparée de corps, peut obtenir la qualité de française, en même temps que son mari et par le même décret, ou, postérieurement, par une déclaration analogue à celle de l'article 9. Mais le Gouvernement est toujours libre d'accorder ou de refuser, après enquête, à la femme, la naturalisation qu'il accorde au mari.

II. — *Condition des enfants majeurs.* — 1° Les enfants *majeurs* peuvent, s'ils le demandent, obtenir la naturalisation par le même décret que leur père ou leur mère, sans aucune condition personnelle de stage. — 2° Si l'enfant majeur est dans sa 22e année, il peut réclamer la nationalité française par une déclaration conforme à celle prescrite par l'art. 9. C'est une acquisition, par le bienfait de la lo , de la nationalité française.

III. — *Condition des enfants mineurs.* — Avant la loi du 26 juin 1889, les enfants mineurs avaient seulement le droit, en fixant leur domicile en France, de réclamer à leur majorité la nationalité de leur père naturalisé ; désormais, ils deviennent de plein droit Français, en même temps que leur père ou leur mère. Mais la loi leur permet de réclamer leur nationalité d'origine dans l'année qui suit leur majorité française. La loi française se trouve ainsi, mieux que par le passé, en harmonie avec plusieurs lois étrangères, par exemple avec celles de l'Allemagne, de l'Italie et de l'Angleterre, d'après lesquelles les enfants mineurs d'un père naturalisé à l'étranger doivent suivre sa condition. (art. 12 § 3, nouv., C. civ.). Mais elle contient un vice très grave. Les enfants mineurs dont nous parlons, étant français, peuvent être admis aux écoles du Gouvernement ; on ouvre ainsi nos écoles militaires à des jeunes gens qui peuvent profiter de l'enseignement de ces écoles, et, à leur majorité, réclamer la nationalité étrangère. L'article 11 du décret du 13 août 1889 permet bien au mineur de renoncer par avance à la faculté de décliner la nationalité française ; mais ici le décret a statué en dehors des limites que la loi de 1889 lui avait assignées. La légalité de cette disposition est donc fort incertaine.

Appendice I. — En *Algérie :* 1° les étrangers qu'on a voulu attirer ainsi (sénatus-consulte du 1er juillet 1865), obtiennent plus facilement qu'en France la naturalisation ; en effet, pourvu qu'il ait trois ans de résidence en Algérie, l'étranger peut être naturalisé dès 21 ans, tandis qu'en France un étranger, obtenant au plus tôt à 21 ans son admission à domicile, ne saurait obtenir qu'à 24 ans au plus tôt la nationalité française. — 2° Les indigènes israélites sont de plein droit français depuis 1870. — 3° Les indigènes musulmans sont dans une situation mixte (sén.-cons. de 1865 et loi de 1870) : admis au service militaire, aux fonctions civiles en Algérie et à l'électorat aux fonctions municipales ou départementales, ils n'ont pas vocation aux emplois civils en France ; ils n'y sont pas éligibles et ont, en ce qui concerne le droit privé, leurs lois propres (Koran, Coutumes kabyles). Mais ils peuvent se placer très facilement sous l'empire du droit *privé* français ; — pour le surplus, la naturalisation, dans ses formes ordinaires, est nécessaire.

Pour la *Cochinchine* et la *Nouvelle-Calédonie*, la naturalisation, après enquête, est assez facilement obtenue. — Notons que les indigènes doivent, pour pouvoir être naturalisés, connaître la langue française

Appendice II. — **Naturalisation en droit comparé.** — A. — *Belgique.* — On trouve : 1° une naturalisation *ordinaire* (21 ans, plus une résidence de 5 ans) : le naturalisé simple ne peut être ni élu, ni éligible, ni juré ; — 2° une *grande* naturalisation (25 ans, 10 ans de résidence, être marié ou veuf avec enfants).

B. — *Italie.* — On trouve également deux naturalisations : la naturalisation ordinaire accordée par décret et la grande naturalisation, accordée par une loi.

C. — *Angleterre.* — 1° La *denization*, accordée par un acte royal, confère une demi-nationalité qui était, avant un statut de 1870, nécessaire pour posséder des immeubles. — 2° Une naturalisation proprement dite peut être accordée, par voie administrative, par un acte du secrétaire d'État de l'Intérieur (8 ans de résidence en Angleterre, ou 8 ans de fonctions au service de l'Angleterre).

D. — Ajoutons encore que dans l'Amérique du sud, notamment dans la République Argentine et le Vénézuéla, la naturalisation est acquise et même imposée de plein droit à tout étranger qui vient se fixer sur le territoire ; on conçoit que cette naturalisation forcée puisse devenir une source de conflits avec l'État auquel les immigrants appartiennent.

De même, il peut y avoir conflit entre la législation du pays dans lequel un étranger obtient sa naturalisation et celle du pays d'origine de cet étranger, lorsque ce pays d'origine (ex.: Angleterre avant 1870, États-Unis et Amérique du sud), admet le principe de l'allégeance perpétuelle, la défense de changer de nationalité.

§ 2. — **Acquisition de la nationalité par le bienfait de la loi**. — *Déclarations de nationalité*. — Nous avons réservé le terme de « naturalisation » à la faveur concédée par le Gouvernement français, faveur qu'il est libre d'accorder ou de refuser. — Nous allons maintenant rencontrer des cas dans lesquels l'acquisition de la nationalité française est, non plus une faveur, mais *un droit*, qui ne peut être refusé par le Gouvernement.

A. — *Individus nés en France d'un étranger*. — Il s'agit ici des individus nés, sur le territoire français, de parents étrangers (qui n'y sont pas nés), et qui, à leur majorité, ne sont pas domiciliés en France (C. civ., art. 9 nouv.). Ils sont réputés étrangers de naissance ; mais ils ont le *droit* d'acquérir la nationalité française. Pour cela, ils doivent faire, devant nos agents diplomatiques ou consulaires à l'étranger, leur soumission de fixer leur domicile en France, s'y établir effectivement dans l'année qui suit, et réclamer expressément la qualité de Français, par une déclaration que reçoit le juge de paix (art. 6 et suiv., décret du 13 août 1889). Cette déclaration doit être faite avant l'âge de 22 ans, c'est-à-dire avant l'expiration de l'année qui suit l'âge de la majorité, tel qu'il est fixé par la loi française ; elle peut être faite pour les mineurs par leur père, leur mère, ou leur tuteur autorisé du conseil de famille. Elle n'a pas d'effet rétroactif. La qualité de Français n'est acquise que pour l'avenir (C. civ., nouv. art. 20).

Le même article 9 du Code civil se place encore à un autre point de vue. La loi nouvelle, préoccupée d'accroître le nombre des Français, décide que tout étranger, né en France, qui satisfait à la loi du recrutement sans exciper de son extranéité, est irrévocablement Français.

Il faut ici combiner la loi sur la nationalité avec la loi militaire du 15 juillet 1889. D'après l'article 13 de la loi militaire, les individus, nés en France d'étrangers, et résidant en France, sont portés, dans les communes où ils sont domiciliés, sur les tableaux de recrutement de la classe dont la formation suit l'époque de leur majorité telle qu'elle est fixée par la loi française. Ils peuvent alors, soit réclamer contre leur inscription, en invoquant leur extranéité, au plus tard lors de leur convocation au conseil de révision, soit s'abstenir de réclamer. Dans ce dernier cas, ils sont Français.

B. — *Individus nés, soit à l'étranger, soit en France, de parents dont l'un a perdu la qualité de français*. — a) *Principe*. — Tout individu né en France ou à l'étranger, de parents dont l'un a perdu la qualité de français, peut réclamer cette qualité, *à tout âge*, aux conditions fixées par le nouvel article 9 (art. 10). Français par le sang, cet individu peut avoir conservé l'amour de la

patrie française, bien que l'un de ses parents ait perdu la qualité de français.
— Il suffit donc que l'un des parents, légitime ou non, ait perdu (peu importe comment) la qualité de français pour que l'enfant puisse invoquer le bénéfice de l'article 10.

b) *Exception*. — L'enfant né d'un ex-français et qui, domicilié en France et appelé sous les drapeaux lors de sa majorité, revendique la qualité d'étranger, perd le droit de réclamer la qualité de français (art. 10, C. civ.).

C. — *Femmes et enfants majeurs des naturalisés*. — (V. *suprà*, p. 7).

Section III. — Acquisition de la nationalité française par le mariage.

— *Étrangère qui épouse un français*. — L'étrangère qui épouse un français suit la condition de son mari (nouv. art. 12 § 1er). Elle devient donc française de plein droit, qu'elle le veuille ou non. Si le mariage est nul, mais a été contracté de bonne foi par la femme, la jurisprudence conserve à celle-ci la qualité de française. Les auteurs admettent cette conséquence pour le cas où le mariage est seulement annulable, et la rejettent pour le cas où le mariage est radicalement nul.

CHAPITRE II

DE LA PERTE DE LA QUALITÉ DE FRANÇAIS.

Section I. — Des modes de perte de la qualité de Français. — Avant 1889, on perdait la nationalité française d'un assez grand nombre de manières, dont deux ont disparu avec la nouvelle loi : 1º L'établissement d'un français en pays d'étranger, *sans esprit de retour* ; 2º L'affiliation à une corporation militaire étrangère. — Aujourd'hui on compte encore d'assez nombreuses causes de perte de la qualité de français, *quand celui-ci a la capacité de changer de patrie :*

§ 1. — Naturalisation en pays étranger. — Le français naturalisé à l'étranger perd la qualité de français (nouv. art. 17). Toute naturalisation suppose en principe l'acquisition d'une nationalité nouvelle, régie par la loi du pays où elle est obtenue, et la perte d'une nationalité qui dépend de la loi du pays auquel appartenait l'individu naturalisé. On comprend, dès lors, que le législateur puisse refuser, dans certains cas, à un français, le droit de perdre la nationalité française, tout en restant indifférent à une acquisition, par naturalisation, de la nationalité étrangère. Le législateur français a donc pu disposer de la manière suivante : « Si le français naturalisé à l'étranger est encore soumis aux obligations du service militaire pour l'armée active, la naturalisation ne fait perdre la qualité de français que si elle a été autorisée par le gouvernement français » (art. 17). Assurer le recrutement, telle est toujours la pensée de la loi de 1889. Il suit de là que, en général, le mineur ne peut pas perdre la qualité de français par une naturalisation étrangère.

Mais, à l'étranger, il y a des naturalisations de plusieurs sortes ; par exemple, en Angleterre, la *denization* n'est qu'une naturalisation imparfaite dont l'effet est de conférer seulement une partie des droits civils. Aussi est-il unanimement admis qu'on ne cesse d'être Français que par l'effet d'une naturalisation donnant au naturalisé la plénitude des droits civils suivant la loi étrangère. Nous disons la plénitude des *droits civils* par opposition aux *droits politiques :* une grande naturalisation, acquise en pays étranger, ne serait donc pas nécessaire.

Ajoutons ici que les rédacteurs du Code civil avaient reconnu aux Français le droit absolu de s'expatrier, mais que Napoléon Ier, qui avait besoin de soldats, rendit le décret 20 août 1811, par lequel il défendait aux Français, sous des peines extrêmement sévères, de se faire naturaliser à l'Étranger sans son autorisation. Le Français naturalisé était, pour ainsi dire, mort civilement. La loi de 1889 abroge expressément ce décret dont l'interprétation avait donné lieu à de nombreuses difficultés.

D'ailleurs une naturalisation à l'étranger, obtenue par un Français dans le but de se soustraire, à l'aide de cette fraude, à certaines prescriptions de la loi française (par ex. dans le but de divorcer en argumentant simplement de l'incompatibilité d'humeur), serait, aux yeux de la loi française, nulle dans la limite où cette nullité est nécessaire pour empêcher la fraude que l'on voulait commettre.

§ 2. — Acceptation de fonctions publiques en pays étranger. — Le Français qui, ayant accepté des fonctions publiques conférées par un gouvernement étranger, les conserve nonobstant l'injonction du gouvernement français de les résigner dans un délai déterminé, perd la qualité de français (nouv. art. 17, C. civ.). On a voulu armer le gouvernement, lui donner le moyen de frapper l'individu qui, en acceptant de telles fonctions, nuirait au pays, porterait atteinte aux intérêts français. Il faut entendre ici par fonctions publiques, celles qui impliquent, dans l'ordre politique, administratif ou judiciaire, une participation quelconque à l'exercice de la puissance publique. Quand il y a doute, les tribunaux apprécient en fait. Ils ont décidé, par exemple, que si l'exercice, à l'étranger, de la profession d'avocat ou de médecin ne constituait pas une fonction publique, il n'en était pas de même de l'emploi de chef de gare, de conseiller aulique, de professeur avec traitement du gouvernement étranger, etc.

§ 3. — Du service militaire en pays étranger. — Le Français qui, *sans autorisation du gouvernement,* prend du service militaire à l'étranger, perd la qualité de Français, sans préjudice des peines qui frappent celui qui se soustrait aux obligations de la loi militaire (art. 17, nouv., C. civ.). On voit la différence entre ce cas et le précédent. Dans l'hypothèse actuelle, le seul fait de prendre du service à l'étranger entraîne la perte de la qualité de Français ; au contraire, dans l'hypothèse précédente, il est nécessaire que le gouvernement ait ordonné, en vain, au Français, exerçant à l'étranger une fonction publique autre que le service militaire, d'avoir à abandonner cette fonction.

La loi a voulu atteindre le Français qui entre au service d'un pays étranger pour y faire régulièrement sa carrière, et qui fait profession des armes sous un drapeau étranger : cet individu n'appartient plus à la France, et réciproquement. Il n'y a donc déchéance qu'au cas de *prise* de service militaire à l'étranger, et non au cas d'incorporation forcée.

Et même on a appliqué souvent d'une façon très libérale l'ancien art. 21 du Code civil qui contenait des dispositions analogues à celles que nous étudions. Ainsi, d'après la jurisprudence, n'emportent pas déchéance, le service dans la garde bourgeoise d'une ville étrangère, ou l'enrôlement au service d'un prétendant ou d'un gouvernement non reconnu. — De même, des Français ont pu, sans être déchus de leur nationalité, s'enrôler sans autorisation, soit à la suite de Garibaldi, soit dans l'armée pontificale, ou combattre aux États-Unis pendant la guerre de la Sécession.

§ 4. — **Mariage avec un étranger.** — La femme française qui épouse un étranger suit la condition de son mari : elle devient donc en général étrangère. Mais il y a des pays étrangers qui n'admettent pas ainsi, à la suite du mariage, les femmes au nombre de leurs nationaux (il en était ainsi, par ex., en Angleterre, avant 1871). Aussi l'art. 19 nouv., C. Civ., dispose-t-il que la femme française qui épouse un étranger reste française, si son mariage ne lui confère pas la nationalité de son mari.

§ 5. — **Commerce et possession d'esclaves.** — Un décret du 27 avril 1848 et les lois des 11 février 1851 et 28 mai 1858 ont également déclaré déchus de la qualité de français ceux qui participeraient à des trafics d'esclaves. Le législateur de 1889 n'a pas abrogé ces dispositions.

§ 6. — **Acquisition de la nationalité étrangère par l'effet de la loi étrangère.** — Il peut se faire que le Français acquière, *sur sa demande*, la nationalité étrangère, en invoquant en sa faveur certaines dispositions de la loi étrangère, c'est-à-dire en invoquant le bienfait de la loi étrangère. Dans ce cas, il perd également la nationalité française. Même remarque que dans la première hypothèse pour ce qui est du service militaire (art. 17, nouv., C. civ.).

§ 7. — **Répudiation de la nationalité française.** — L'individu qui, étant Français, peut conditionnellement opter pour la nationalité étrangère, au moment de sa majorité ou de son appel sous les drapeaux (art. 8, § 4), et réclame cette nationalité étrangère, est évidemment déchu de sa qualité de Français. Il en est de même de l'enfant d'un étranger naturalisé ou d'un ex-Français réintégré qui, Français de plein droit pendant que dure sa minorité, décline cette qualité dans l'année de sa majorité (art. 12 et 18, nouv., C. civ.).

Section II. — Effets de la perte ou de la déchéance de la qualité de français. — L'individu qui cesse d'être Français cesse en même temps d'avoir la jouissance des droits politiques et des droits civils réservés aux Français. Il est traité, notamment quant aux règles relatives à son état et à sa capacité, comme un étranger appartenant au pays auquel il s'est rattaché. — Mais la dénationalisation ne produit aucun effet à l'égard du conjoint ou des enfants du Français dénationalisé. De même, et d'une manière plus générale, elle ne peut en aucune façon porter atteinte aux droits acquis aux tiers.

CHAPITRE III

DE LA RÉINTÉGRATION DANS LA QUALITÉ DE FRANÇAIS.

§ 1. — **Comment se recouvre cette qualité.** — La loi de 1889 détermine les conditions auxquelles on peut recouvrer la nationalité française en considérant comment celle-ci a été perdue. Il faut donc distinguer ici plusieurs hypothèses. Avant d'aborder le cas général, signalons deux situations particulières dans lesquelles peut se trouver l'ex-Français.

A. — *Ex-Française ayant perdu sa nationalité par suite de son mariage avec un étranger.* Si le mariage d'une Française mariée à un étranger est dissous par la mort du mari ou le divorce, cette femme recouvre la qualité de Française *avec l'autorisation du Gouvernement*, pourvu qu'elle réside en France ou qu'elle y rentre en déclarant qu'elle veut s'y fixer (art. 19, C. civ.). L'autorisation du gouvernement est nécessaire : cette veuve était peut-être la femme d'un ennemi ; il n'est pas impossible qu'elle ait contre son pays d'origine les sentiments que lui avait inspirés son mari. Le Gouvernement ne doit donc lui restituer qu'en parfaite connaissance de cause la nationalité française : il rendra un décret.

B. — *Ex-Français ayant pris du service à l'étranger.* — Le Français qui, sans autorisation du gouvernement, prend du service militaire à l'étranger, ne peut rentrer en France qu'en vertu d'une permission accordée par décret, et recouvrer la qualité de français qu'en remplissant les conditions imposées à l'étranger pour obtenir la naturalisation ordinaire (art. 21 nouv., C. civ.). Ainsi cet ex-français doit obtenir d'abord la *permission* de rentrer en France, et, par un second décret, la naturalisation ; sa situation est peu favorable ; on comprend qu'il en soit ainsi.

C. — *Cas général.* — Un français, après avoir perdu sa qualité autrement que par la prise de service militaire à l'étranger, ou le mariage avec un étranger, peut se faire réintégrer dans sa nationalité, pourvu qu'il réside en France, en obtenant sa réintégration par décret. Il est donc inutile soit qu'il fasse une déclaration quelconque, soit qu'il obtienne l'autorisation de rentrer en France.

D. — *Remarques.* — Tous ceux qui demandent leur réintégration restent soumis, sur ce point, au pouvoir discrétionnaire du Gouvernement : Par leur inconstance, ils ont mis leurs concitoyens en défiance de leur fidélité ; une simple déclaration ne saurait donc suffire, il faut qu'ils obtiennent un décret de réintégration. La réintégration est donc une sorte de naturalisation, mais une naturalisation de faveur, car toute condition de stage est supprimée. Nous avons dit plus haut qu'un majeur seul pouvait changer de patrie. Donc un majeur seul peut demander sa réintégration.

§ 2. — 'Effets du recouvrement. — A. — *Effets quant à la personne du réintégré.* — Les Français qui recouvrent cette qualité après l'avoir perdue acquièrent immédiatement tous les droits civils et politiques, même l'éligibilité aux Assemblées législatives (art. 3, Loi du 26 juin 1889). Ainsi, au point de vue des droits politiques, la condition de ces ex-Français est meilleure que celle de l'étranger naturalisé, puisque ce dernier est obligé de faire un certain stage avant d'être éligible aux Assemblées législatives. Il faut cependant, pensons-nous, faire une exception : Le Français qui a pris du service à l'étranger ne serait pas, une fois réintégré, immédiatement éligible ; il devrait être, sur ce point, seulement assimilé à l'étranger naturalisé.

B. — *Effets quant à la famille du réintégré.* — Le même décret qui accorde la réintégration à un ex-Français peut accorder également la qualité de Français à la femme de cet ex-Français, et à ses enfants *majeurs*, s'ils en font la demande (art. 18, C. civ.). Comme ces mêmes enfants, issus d'une ex-Française, ont *le droit* de réclamer à tout âge la qualité de Français, aux termes de l'article 10, on ne conçoit guère qu'il leur soit fait ici une simple *faveur*. Il y a donc là un manque d'harmonie dans la loi. Quant aux enfants *mineurs* du père ou de la mère réintégrés, ils deviennent Français, à moins que, dans l'année qui suit leur majorité, ils déclinent cette qualité en se conformant aux dispositions de l'art. 8 § 4, nouv., C. civ. — Art. 18, nouv.

Supposons maintenant qu'une femme française soit devenue étrangère par suite de son mariage avec un étranger ; son mari vient à mourir : La femme peut alors demander sa réintégration. Dans ce cas, la qualité de Français peut être accordée, par le même décret de réintégration, aux enfants mineurs, sur la demande de la mère, ou par un décret ultérieur, si la demande en est faite par le tuteur avec l'approbation du Conseil de famille (nouvel art. 19 du C. civ.).

En tous cas, les individus qui acquièrent la qualité de Français dans les deux hypothèses qui précédent ne peuvent s'en prévaloir que pour les droits ouverts à leur profit depuis cette époque (art. 20, nouv., C. civ.).

<h1 style="text-align:center">CHAPITRE IV</h1>

DE L'ANNEXION COMME MODE D'ACQUÉRIR OU DE PERDRE LA QUALITÉ DE FRANÇAIS.

Section I. — Acquisition de la qualité de Français par l'annexion. — L'acquisition de la nationalité française peut résulter de la réunion d'un territoire à la France. Il faut notamment citer ici le traité de Turin, du 24 mars 1860 : aux termes de ce traité, les habitants de la Savoie et du comté de Nice sont devenus français, sauf ceux qui, transportant leur domicile en Italie, s'y fixant, ont opté, dans un délai d'un an à partir du traité, pour la nationalité italienne.

L'annexion de Menton et de Roquebrune (convention entre la France et le prince de Monaco, 2 fév. 1861) ; la rectification de frontière de la vallée des Dappes ; la rétrocession à la France, par la Suède, de l'île de Saint-Barthélemy (traité du 10 août 1877), présentent également des exemples de l'acquisition, par voie d'annexion, de la qualité de Français.

Section II. — Perte de la qualité de français par suite d'un démembrement du territoire. — Ces démembrements du territoire ont eu lieu en 1814 et en 1871.

I. — En 1814, le démembrement porta sur des provinces réunies à la France depuis 1790 au plus. Les originaires des provinces démembrées cessèrent, *ipso facto*, d'être français (art. 3, loi 14 août 1814), *lorsqu'ils n'avaient pas quitté leur pays.* Si au contraire un Belge, par exemple, s'était installé à Paris, il y avait des distinctions à établir, en tenant compte de la durée plus ou moins longue de cette résidence. Quant aux originaires de l'ancienne France qui se trouvaient établis dans les provinces démembrées, la loi de 1814 ne s'en occupait pas. On admit en général qu'ils étaient restés français à moins que la perte de l'esprit de retour ne fût évidente. On admit enfin que les enfants mineurs devaient suivre la nationalité de leurs auteurs, et qu'ils ne pouvaient devenir français en invoquant les art. 9 et 10 (anciens), C. civ., c'est-à-dire le bienfait de la loi. L'esprit des traités de 1814 et 1815 était, en effet, d'effacer rétroactivement les traces de la conquête française.

II. — En 1871, les questions de nationalité n'ont pas été complètement réglées par l'article 2 du traité de paix de 10 mai 1871 et par la convention additionnelle de Francfort du 11 décembre 1871. Plusieurs distinctions sont, ici, nécessaires.

1° Tous les originaires d'Alsace-Lorraine sont devenus allemands, *quel que fût leur domicile,* à moins d'avoir opté expressément pour la nationalité française dans un délai qui, en dernière analyse, a expiré le 1er octobre 1873, et

d'avoir transporté leur domicile en France (art. 1er de la convention additionnelle ; circ. ministérielle du 30 mars 1872 ; art. 2 du traité).

2º Un Parisien habitait Strasbourg en 1871 : — Est-il Allemand ? Les traités
sont muets. Le gouvernement allemand a prétendu assimiler les domiciliés
aux originaires : il considère ce Parisien comme Allemand, à moins qu'il
n'ait opté pour la nationalité française et transporté son domicile en France
dans les délais indiqués. Au contraire, le gouvernement français considère ce
Parisien comme Français, et sans aucune formalité nécessaire ; car celui-ci
ne doit pas sa qualité de Français à sa qualité d'originaire d'Alsace-Lorraine,
et, avec la théorie prussienne, on devrait déclarer allemand un Turc habitant
Strasbourg en 1871.

3º *Enfants mineurs au moment de la séparation.* — Le gouvernement français a accordé aux Alsaciens-Lorrains mineurs un droit personnel d'option,
droit qu'ils ont pu exercer avec l'autorisation de leur père ou de leur tuteur
(Circ. de M. Dufaure, 30 mars 1872). Au contraire, le gouvernement allemand
a prétendu que ces enfants devaient suivre toujours la nationalité de leurs
auteurs (dépêche allemande du 15 juillet 1872). L'Allemagne a voulu ainsi
arrêter une émigration en masse : Les Alsaciens-Lorrains qui exerçaient, par
exemple, le commerce en Alsace-Lorraine au moment de l'annexion, étaient
forcés d'y conserver leur domicile, au moins pendant quelque temps : ils sont
devenus allemands. Mais leurs enfants, n'étant pas tenus dans les mêmes
conditions, ont, à peu près tous, opté pour la patrie française et sont venus en
France satisfaire à leur service militaire. Ils sont, dans ces conditions, considérés comme français par la loi française et comme allemands par la loi
allemande.

Mêmes difficultés pour les femmes mariées : le Gouvernement français leur
reconnaît un droit personnel d'option.

DEUXIÈME PARTIE

DES ÉTRANGERS

Leur situation en France

La question de savoir si et dans quelles limites les étrangers peuvent, en
France, se prévaloir des dispositions de la Loi française, abstraction faite de
leur loi nationale, est une partie de la théorie plus générale qui porte le nom
de « conflit de lois » et que nous étudierons dans notre troisième partie.

Les étrangers, *dans notre ancien droit*, sont dits aubains (*alibi nati*). À
l'époque féodale, l'aubain est toute personne étrangère à une seigneurie déterminée : c'est plutôt un forain (*foras*). La condition des aubains variait avec
chaque seigneurie. On réduisait quelquefois les aubains en servage, les considérant comme taillables et corvéables à merci. — Plus tard, sous la monarchie
absolue, l'aubain devient l'*étranger au royaume*. — Il a, pendant sa vie, une capacité presque complète. Mais, à sa mort, s'exerce quelquefois le droit d'aubaine, dont il sera bientôt parlé.

Étudions quels sont, *aujourd'hui*, les droits dont jouissent, en France, les étrangers.

Droits politiques. — Les droits politiques font participer ceux qui en ont l'exercice à la gestion plus ou moins directe des affaires de l'État. Les étrangers en sont actuellement exclus : il y aurait danger pour le pays à admettre les étrangers à une semblable participation.

Droits quasi-politiques. — Ces droits donnent à ceux qui en ont l'exercice une certaine part de la puissance publique. La faculté d'exercer certaines fonctions publiques, administratives ou judiciaires, d'être notaire, juré, témoin, etc., est comprise dans ces droits. Ces droits sont également refusés aux étrangers ; de même, il a été jugé qu'un étranger ne pouvait être ni membre d'un conseil de fabrique, ni avocat.

Droits publics. — Les droits publics résultent des principes de la liberté de conscience et de la liberté individuelle. Ils assurent aux individus l'exercice de leurs facultés physiques, intellectuelles et morales. Ces droits appartiennent, et avec raison, aux étrangers. Mais comme un étranger peut devenir gênant en France, l'art. 7 de la loi du 3 décembre 1849 permet de reconduire cet étranger à la frontière, par mesure de police, de sûreté générale, sur un simple arrêté du Ministre de l'Intérieur ou des préfets des départements frontières. Au contraire, on ne peut expulser un Français que si la Cour d'assises le condamne à la peine du bannissement.

CHAPITRE I

En ce qui concerne la jouissance des droits civils, il faut établir une distinction entre les étrangers non autorisés à établir leur domicile en France et ceux qui ont obtenu cette autorisation (*suprà*, p. 6). D'où deux sections, la première étant de beaucoup la plus importante.

Section I. — Étrangers non admis à domicile. — À l'égard de cette catégorie d'étrangers, il y a lieu d'examiner d'abord ceux des droits civils sur lesquels la loi s'est expliquée avant de se demander ce qui doit être décidé à l'égard des autres. La loi a prévu spécialement la situation des étrangers en ce qui touche : 1° La capacité de disposer et de recevoir ; — 2° La compétence des tribunaux français

§ 1. — Capacité de disposer et de recevoir. — Dans l'ancien droit, nous l'avons dit, les étrangers s'appelaient aubains (*alibi nati*), ou épaves. La condition des aubains, fort dure sous la période féodale, s'adoucit sous la période monarchique. On distingua, dans le droit privé, les choses du droit des gens, et celles du droit civil. Les droits et facultés qui font partie du *jus commune gentium* (on y rangea les modes de transmettre et d'acquérir, entre vifs, la propriété) furent accordés aux étrangers à qui l'on refusa la jouissance des droits appartenant au *jus proprium civium* (on rangea, parmi ces derniers, les transmissions *de mortuo ad vivum*). Les étrangers purent donc contracter, acheter, vendre, être donateurs et donataires ; ils ne purent transmettre ou recevoir par décès. L'aubain vivait libre, il mourait serf. En sorte que la succession des étrangers revenait au roi en vertu du *droit d'aubaine*.

On avait fait exception pour le cas où l'étranger mourait en laissant comme héritiers des *enfants* français (*jure soli*) ; n'étaient pas non plus soumis au droit d'aubaine : les étrangers habitant les provinces de droit écrit ; ceux fréquentant les foires de Champagne, de Lyon ; certains artistes étrangers appartenant aux manufactures royales ; les étudiants étrangers, etc. En un mot, on supprimait le droit d'aubaine en faveur de ceux que l'on voulait attirer en France.

Vers la fin de l'ancien droit, quelques traités avec des nations étrangères portèrent suppression du droit d'aubaine, qui fut remplacé par un prélèvement d'un dixième au profit du roi ; c'est ce qu'on appela le droit de détraction.

Dès le début de la Révolution, les droits d'aubaine et de détraction sont abolis : au point de vue successoral, les étrangers sont assimilés aux Français. Le législateur cède alors à des considérations humanitaires, sans s'occuper de savoir si, par réciprocité, il obtiendra des nations étrangères une situation analogue pour les Français qui se trouveraient à l'Étranger. En fait, il n'en obtint pas.

En conséquence, les rédacteurs du Code civil posèrent, dans l'art. 11, le principe général de la *réciprocité diplomatique :* L'étranger jouit en France des mêmes droits civils que ceux qui sont accordés aux Français par les *traités* de la nation à laquelle cet étranger appartient. Donc, sous le régime du Code, quelle que fût la situation de fait résultant, pour un Français, de la loi d'un pays étranger, s'il n'y avait pas un traité, stipulant la réciprocité, entre la France et ce pays, l'étranger appartenant à celui-ci ne pouvait, en France acquérir par succession ; il ne pouvait par suite, quand il habitait la France, transmettre sa succession qu'à des héritiers français. Le droit d'aubaine était, dans une certaine mesure, rétabli (art. 726, C. civ.). Il y a plus : l'étranger, en l'absence d'un traité, ne pouvait même pas acquérir par donation : le Code était, vis-à-vis des étrangers, plus sévère que notre ancien Droit, puisque la donation y était possible aux aubains (art. 912, C. civ.).

La loi du 14 juillet 1819, intitulée : de l'abrogation des droits d'aubaine et de détraction (1), a abrogé les deux articles 726 et 912. On revenait au système de la Constituante, mais par des motifs bien différents. Ce n'était plus Jean-Jacques Rousseau et la fraternité universelle qu'on invoquait pour assimiler, au point de vue de l'acquisition des biens, les étrangers aux Français ; c'était la nécessité.

A la suite des guerres du Ier Empire, en effet, tous les capitaux étaient sortis de France ; pour les y ramener, on assura aux étrangers qui voudraient faire du commerce avec la France, y acquérir des biens, etc., les mêmes droits de transmission qu'aux Français.

La loi de 1819, cependant, réserve aux héritiers français, sur les biens de la succession situés en France, un *droit de prélèvement*, à l'encontre des cohéritiers étrangers, au cas d'impossibilité, pour les héritiers Français, de partager les biens successoraux situés à l'étranger. — Nous exposerons avec plus de détails, en étudiant le conflit des lois, cette théorie du droit de prélèvement.

§ 2. — Compétence des Tribunaux français. — Pour les actions réelles immobilières, le tribunal compétent est celui de la situation de l'immeuble (art. 59, § 3, C. Pr.) Cette règle est générale et s'applique aussi bien aux étrangers qu'aux Français.

---

1. Cet intitulé n'est pas exact, ces droits n'ayant été rétablis que dans les limites qui viennent d'être précisées.

Pour connaître quelle est la compétence des tribunaux français en ce qui concerne les actions réelles mobilières ou les actions personnelles, il y a lieu de distinguer suivant qu'il s'agit de litiges entre Français et étrangers, ou entre étrangers seulement.

A. — *Un Français agit contre un étranger.* — Un étranger est débiteur d'un Français. Si l'étranger habite la France, il sera actionné devant le tribunal de sa résidence. Mais si l'étranger débiteur ne réside pas en France, le Français créancier devra-t-il aller assigner son débiteur à l'étranger, devant le tribunal du domicile de ce dernier, conformément au principe général : *actor sequitur forum rei* ? Cela serait souvent bien difficile au Français créancier, le mettrait, de plus, à la merci des tribunaux étrangers, tout en lui imposant des frais accessoires quelquefois considérables. La règle *actor sequitur* ne pouvait donc s'appliquer ici ; par conséquent, le Français demandeur pourra poursuivre devant les tribunaux français son débiteur étranger, et cela, dans tous les cas, quel que soit le lieu où l'obligation est née, quelle que soit la résidence de l'étranger (art. 14, c. civ.).

Mais quel sera alors le tribunal français compétent ? Pour les uns, ce sera le tribunal français le plus rapproché du pays où réside l'étranger débiteur. Pour les autres, le Français demandeur aura le choix entre tous les tribunaux français compétents *ratione materiæ*. La jurisprudence admet un troisième système : l'action doit être portée devant les juges du domicile du demandeur.

C'est au domicile du procureur de la République près le tribunal où la demande est portée que doit être donnée l'assignation à l'étranger qui n'a ni domicile ni résidence connus en France. Il en est de même des significations de jugements.

Le privilège conféré au Français demandeur par l'art. 14 n'est pas d'ordre public ; le Français peut y renoncer, et saisir la juridiction étrangère, assigner l'étranger devant le tribunal de celui-ci : alors il n'est plus recevable à traduire ultérieurement l'étranger devant les tribunaux français. — Notons que l'art. 14 ne s'applique pas au cas où le français serait créancier d'un *État* étranger (*Dr. Int. public*, p. 29).

Certains traités renferment des dispositions dérogeant à l'article 14. Citons notamment ici celui du 15 juin 1869, avec la Suisse. Dans les contestations mobilières entre Français et Suisses, le demandeur doit poursuivre son action devant les juges naturels du défendeur. — Il en est de même des traités par lesquels la France accorde à une nation étrangère le bénéfice de la nation la plus favorisée.

B. — *L'étranger est demandeur.* — Si l'étranger est demandeur et le Français défendeur, la situation est prévue par l'art. 15 du Code civil : Un Français, dit ce texte, pourra être traduit devant un tribunal de France pour des obligations contractées en France ou à l'étranger, avec un étranger. — C'est l'application pure et simple de la règle *actor sequitur forum rei*, lorsque le français est domicilié en France, ce qui est le cas général.

Mais, dans cette hypothèse, on voit immédiatement le danger : l'étranger peut intenter un procès et ne pas le gagner, parce que son procès est mauvais ; s'il succombe, il sera condamné aux frais et même, en général, à des dommages-intérêts vis-à-vis du Français défendeur, en compensation des ennuis que celui-ci a subis. Dans ces conditions, le Français éprouvera une très grande difficulté à se faire rembourser les frais qu'il a pu faire, à obtenir le paiement des dommages-intérêts : presque toujours l'étranger n'a pas de biens en France : le Français devrait donc aller à l'étranger intenter sa juste revendication.

Caution judicatum solvi. — En conséquence l'art. 16, C. civ., permet au Français assigné par un étranger d'exiger qu'il fournisse caution, c'est-à-dire qu'il présente une personne solvable qui s'engage à répondre, à défaut de l'étranger, des frais et, s'il y a lieu, des dommages-intérêts. Le Français défendeur exerce son droit au moyen d'une exception dilatoire de procédure ; il se refuse à plaider jusqu'à ce que la caution ait été fournie. Le tribunal fait droit à sa demande, et l'affaire est momentanément suspendue.

a) Conditions. — Seul l'étranger demandeur doit donner la caution *judicatum solvi.* L'étranger défendeur n'est point astreint à cette obligation. Pourquoi cette différence ? Si la loi avait exigé la caution de l'étranger défendeur, le refus de caution n'eût pas arrêté le procès ; c'eût été un moyen trop commode, pour l'étranger, de repousser la demande ; on aurait dès lors été conduit à décider que l'étranger qui ne donnerait pas la caution serait toujours jugé par défaut, sans être entendu, sans pouvoir se défendre : conséquence évidemment excessive. Ajoutons que, jusqu'à preuve du contraire, celui à qui l'on réclame l'exécution d'une obligation est réputé libre de tout engagement : cette présomption protège tous les défendeurs, les étrangers comme les français.

L'art. 16 se relie évidemment aux articles précédents qui ne s'occupent que de contestations pendantes entre Français et étrangers. Donc le défendeur doit être Français (ou étranger admis à domicile) *pour pouvoir exiger du demandeur étranger la caution* judicatum solvi. La loi ne s'occupe pas ici des contestations entre étrangers.

b) Dans quels cas le demandeur étranger n'a pas à fournir la caution. — La caution n'a pas à être fournie :

1° Quand l'étranger demandeur possède en France des immeubles d'une valeur suffisante (art. 16). Il y a là un danger auquel la loi n'a pas suffisamment paré : l'étranger peut, pendant l'instance, aliéner ses immeubles. Si le prix n'a pas encore été payé à l'étranger vendeur, le défendeur Français pourrait arrêter ce paiement en formant opposition, sur ce prix, entre les mains de l'acquéreur. Mais si le prix a été payé et si le défendeur français connaît l'aliénation, c'est-à-dire s'il a pris le soin de surveiller, au bureau des hypothèques, le registre des aliénations, il pourra exiger la caution *judicatum solvi* même pendant l'instance, bien qu'en général cette caution se demande au début même du procès, *in limine litis.* Enfin, si l'aliénation a été faite à un compère, le défendeur pourra peut-être faire tomber cette aliénation par application du principe général de l'article 1167. Mais on voit que la loi aurait pu mieux garantir, dans notre hypothèse, le Français défendeur.

2° Quand l'étranger consigne une somme suffisante arbitrée par le juge (art. 167, C. proc.) : La consignation vaut encore mieux qu'une caution, qui peut devenir insolvable.

3° Quand l'étranger est autorisé à résider en France.

4° Quand il existe un traité, entre la France et la nation à laquelle le demandeur étranger appartient, qui dispense soit toujours, soit dans certains cas, l'étranger de donner la caution. (Traités de la France avec : 1° l'Italie (1860) ; 2° la Suisse (1869) ; 3° l'Autriche-Hongrie, l'Allemagne et la Serbie, 1883).

Depuis la loi du 5 mars 1895, la caution *judicatum solvi* est due *même en matière commerciale*.

C. — *Litiges entre étrangers*. — La loi ne s'explique pas sur la compétence des tribunaux français quand il s'agit de litiges s'élevant entre étrangers seulement et concernant des actions réelles mobilières, des actions personnelles ou des questions d'état.

En général la juridiction française se déclare incompétente quand les étrangers qui se présentent devant elle ne sont pas d'un pays avec lequel nous avons un traité (1) assurant à ses nationaux « libre accès » auprès des tribunaux français (arg. art. 11, C. civ.).

Cette incompétence peut se résumer ainsi : 1º Si l'exception d'incompétence est soulevée, les tribunaux français doivent nécessairement se déclarer incompétents ; — 2º Les tribunaux français peuvent connaître des contestations entre étrangers, lorsque ceux-ci y consentent ; — 3º Malgré le consentement des étrangers à être jugés par les tribunaux français, ceux-ci peuvent se déclarer d'office incompétents.

Mais, dans toute hypothèse, les tribunaux français peuvent ordonner les mesures conservatoires qui n'atteignent ni ne compromettent le fond du droit (ex. : ils peuvent autoriser la femme étrangère à quitter la maison de son mari, provisoirement, par mesure de sûreté, de police ou de convenance). — D'autre part, si les étrangers, bien que résidant en France sans autorisation, n'ont conservé dans leur pays aucun domicile connu, les tribunaux français deviennent compétents pour connaître des contestations qui s'élèvent entre eux à l'égard des contrats, même non commerciaux, formés en France. — Ajoutons enfin que l'incompétence des tribunaux français à l'égard des litiges entre étrangers ne s'applique pas aux matières commerciales, le commerce étant, dit-on, cosmopolite.

**§ 3. — Autres droits spéciaux prévus par des textes. — A. — *Contrainte par corps*. — Avant la loi du 22 juillet 1867 qui a supprimé la contrainte par corps (prison pour dettes), en ne la laissant subsister qu'en matière pénale, la situation des débiteurs étrangers était plus sévèrement réglée que celle des Français (Loi du 27 avril 1832).

B. — *Cession de biens*. — La cession de biens était un bénéfice accordé au débiteur malheureux et de bonne foi, qui pouvait abandonner ses biens à ses créanciers, pour éviter la contrainte par corps. Les étrangers n'avaient pas (art. 905, C. proc.) le bénéfice de cession de biens. Ce bénéfice a disparu, depuis que la contrainte par corps n'existe plus. La contrainte existe bien encore en matière pénale, mais, dans ce cas, le débiteur est rarement malheureux et de bonne foi ; il ne peut donc que rarement faire cession de biens.

C. — L'étranger peut obtenir des concessions de *mines* en France (art. 13, Décret du 11 avril 1808). — Il a le droit de se faire délivrer en France des *brevets d'invention* (art. 27, Loi du 5 juillet 1844), et d'invoquer les mesures qui protègent les *marques de fabrique* (art. 5, Loi du 23 juin 1857). — L'étranger peut acquérir des actions de la Banque de France, disposer et rece-

---

1. Le traité du 15 juin 1869 entre la France et la Suisse est un de ces traités. — *Adde* : Traité du 7 janvier 1862 avec l'Espagne ; — du 9 mars 1853 avec le Portugal ; — du 8 janvier 1826 avec le Brésil.

voir en France à titre gratuit (loi du 14 juillet 1819) et, enfin, faire des verse-
ments à la caisse des retraites pour la vieillesse.

Mais, inversement, l'art. 105 du Code forestier interdit aux étrangers le droit
d'affouage, c'est-à-dire le droit de venir, en concours avec les chefs de famille
français, sur les coupes des forêts communales, dans les communes où est
pratiqué ce mode de répartition. — De même, une fois mises à part certaines
conventions internationales, les étrangers ne peuvent obtenir le bénéfice de
l'assistance judiciaire ; — ni *posséder exclusivement un navire français*
(V. notre *Dr. int. public*, p. 25).

§ 4. — Droits civils non prévus par des textes spéciaux. — Ces di-

vers points qui viennent d'être signalés, et qui sont réglés par des textes
formels, étant une fois écartés, demandons-nous quelle est, au surplus, la
situation, en France, des étrangers non admis à domicile, en ce qui concerne
les droits que les textes ne leur déclarent pas expressément applicables. — L'art.
11 du Code civil est ici trop peu explicite : en sorte que des controverses se
sont élevées. — Les droits politiques et quasi-politiques ayant été étudiés,
nous ne nous occupons que de la vocation des étrangers à la jouissance des
droits privés.

A. — *Principes.* — Les droits qui rentrent dans le droit privé, c'est-à-dire les
droits civils, sont ceux qui peuvent être invoqués vis-à-vis des particuliers
pour la défense des intérêts privés. Dans quelle mesure les étrangers non admis à domicile participent-ils aux droits civils ?

Une première réponse à cette question est contenue dans l'article 11 du Code
civil : l'étranger jouit, en France, des mêmes droits civils que ceux qui sont
accordés aux Français par les traités de la nation à laquelle cet étranger appartient. C'est le principe, déjà signalé, de la réciprocité diplomatique.

Mais supposons qu'il n'existe aucun traité entre la France et le pays auquel
appartient l'étranger dont il s'agit de régler la situation au point de vue de
la jouissance des droits civils. — Quelle solution adopter ? D'abord, en 1819,
des points très importants, nous l'avons vu, ont été fixés. Pour les autres droits
civils, trois systèmes principaux sont en présence.

1er *Système.* — Même en l'absence de traités, les étrangers jouissent en
France de tous les droits civils, à l'exception de ceux qui leur sont refusés,
soit explicitement, soit implicitement, par la loi. La capacité, en droit français, est, en effet, la règle. — Ce système conduit aux conséquences suivantes : Il n'y a plus désormais, dans le droit privé, que trois différences entre la
situation juridique des étrangers et celle des Français : 1° La règle *actor
sequitur forum rei* ne s'applique pas à l'étranger défendeur qui ne réside pas
en France (art. 14, C. civ.) ; 2° l'étranger demandeur doit la caution *judicatum solvi* (art. 16, C. civ.) ; 3° l'état et la capacité des étrangers (statut
personnel) sont régis par la loi étrangère (art. 3, C. civ.).

2° *Système.* — La jurisprudence admet souvent que les étrangers jouissent,
en France, des facultés et des avantages qui dérivent du droit des gens, *jus
commune gentium*, et non de ceux qui dérivent du droit civil, *jus proprium civium*. On argumente, dans ce système, de l'art. 11 du C. civ., *a contrario*, et
de la tradition historique.

Les conséquences de ce système sont les suivantes : l'étranger peut passer,
en France, tous contrats, se marier, avoir sur ses enfants la tutelle, le droit
d'éducation, de garde, de correction : ces droits appartiennent au *jus gentium*.

Il n'aura pas la faculté d'adopter, le droit de jouissance légale, la tutelle dative : ces droits, en effet, appartiennent au *jus civile*. — Il y a controverse sur le point de savoir si l'hypothèque légale de la femme mariée rentre dans le *jus civile* ou dans le *jus gentium*.

3° *Système*. — En l'absence de traité (1), l'étranger ne jouit, en France, que des droits qui lui ont été explicitement accordés par un texte de loi.

Conséquences de ce système : 1° l'étranger peut contracter, en France, puisqu'il peut y assigner (art. 14, C. civ.) ; 2° l'étranger peut avoir la propriété des immeubles (arg. de l'art. 3., C. civ.) ; 3° il peut ester en justice (arg. de l'art. 16, C. civ.) ; 4° l'étranger peut se marier (arg. art. 12 et loi du 26 juin 1889) ; donc il peut exercer tous les droits de la puissance maritale et de la puissance paternelle. — Mais puisqu'aucun texte ne le permet ni expressément, ni tacitement, l'étranger ne pourrait pas être adopté, adopter, être tuteur, faire partie d'un conseil de famille : La femme étrangère n'aurait pas l'hypothèque légale sur les immeubles français appartenant à son mari.

B. — *Applications*. — En dernière analyse et quel que soit le système qu'on adopte, on voit que les étrangers peuvent jouir, en France, à peu près de tous les droits civils. Mais il n'en faut pas conclure qu'ils puissent invoquer en leur faveur toutes les dispositions de nos codes, car ils sont, en tant qu'étrangers, soumis, en plusieurs points, à la loi de leur pays d'origine, qui les suit, dans certains cas, partout où ils vont. L'art. 3 du Code civil pose, en effet, des principes fondamentaux dont nous avons dès maintenant à leur faire application, et que nous développerons avec plus de détails, en étudiant le conflit des lois.

a) Les *lois de police et de sûreté*, émanées du législateur français, intéressent l'ordre public et les bonnes mœurs ; elles sont obligatoires pour tous ceux qui habitent le territoire français. Le danger pour l'ordre social est, en effet, le même, quelle que soit la nationalité de l'agent. Exemple : un fils peut être obligé à fournir des aliments à son père, bien qu'ils soient étrangers tous les deux, quand ils résident en France.

Signalons ici la loi du 8 août 1893, relative au séjour des étrangers en France et à la protection du travail national, et qui dispose ainsi : « Tout étranger non admis à domicile, arrivant dans une commune pour y exercer une profession, un commerce ou une industrie, devra faire à la mairie une déclaration de résidence en justifiant de son identité, dans les 8 jours de son arrivée ». Toute personne qui emploie un étranger non immatriculé est passible des peines de simple police et les étrangers qui ne se soumettent pas à cette formalité encourent une amende de 50 à 200 francs.

b) Les lois qui régissent les *conditions de forme* des actes sont applicables à l'étranger résidant en France : *Locus regit actum*. Cette règle est rationnelle, car on ne peut imposer, à ceux qui veulent passer un acte, des formalités qui n'ont pas cours dans le pays où ils le passent. — Nous reviendrons bientôt sur ce point.

c) *Lois personnelles*. — Les lois du statut personnel, c'est-à-dire celles qui régissent l'état et la capacité des personnes, suivent l'individu partout où il se trouve. Donc l'étranger sera, quant à son état et sa capacité, régi, en

1. Les principaux traités assurant à certains étrangers, sous la condition de réciprocité (art. 11), la jouissance, en France, des droits civils français, sont ceux : du 15 juin 1869, avec la Suisse ; de 1882 avec l'Espagne ; de 1883 avec la Serbie.

France, par sa loi d'origine (arg. de réciprocité, art. 3, C. civ.). L'article 3, en effet, décide que le statut personnel français suit le Français en pays étranger. Si la loi française veut obtenir des autorités étrangères le respect de cette règle, il est juste qu'elle applique le même système aux étrangers résidant en France. Cette solution doit être maintenue tant que la loi étrangère n'aboutit pas à la contradiction d'une règle formellement admise par la loi française, tant que son observation ne compromet pas l'ordre public et les bonnes mœurs : un étranger dans le pays de qui la polygamie est permise, ne pourrait épouser, en France, plusieurs femmes à la fois.

d) Les lois réelles sont celles qui s'appliquent aux choses. — 1º Les biens peuvent être envisagés individuellement, *singulatim*. Dans ce cas, les biens appartenant à des étrangers, et situés en France, sont régis par la loi française : Un étranger qui a des meubles en France ne pourrait les hypothéquer, quelle que fût sur ce point la législation de son pays d'origine, puisque, en France, les immeubles seuls sont susceptibles d'hypothèque. — 2º Les biens peuvent être envisagés, au contraire, comme constituant une universalité juridique, un bloc ; ex. : l'ensemble des biens qui composent une succession. Si la succession se compose d'immeubles situés en France, la loi qui la régit est la loi française ; s'il s'agit, au contraire, d'une succession mobilière, les uns déclarent applicable la loi du domicile du défunt, les autres la loi nationale de celui-ci. — Répétons-le, nous retrouverons ces idées avec plus de détails en examinant la question du conflit des lois.

Section II. — **Etrangers admis à domicile.** — A. — Les règles et les conséquences juridiques de l'admission à domicile ont été exposées plus haut. Il convient de rappeler quelle est la situation spéciale, en France, de l'étranger autorisé : 1º Qu'il y ait, ou non, des traités avec son pays d'origine, l'étranger autorisé jouit, en France, de tous les droits civils (art. 13) ; 2º S'il est demandeur, il n'a pas à donner la caution *judicatum solvi* ; il peut l'exiger d'un demandeur, étranger ordinaire ; 3º Quand un étranger autorisé est partie, dans un procès, contre un étranger ordinaire, les tribunaux français ne peuvent se déclarer incompétents, ce qui arrive fréquemment quand, en matière personnelle, deux étrangers ordinaires sont, l'un demandeur, l'autre défendeur.

B. — *Différences entre le Français et l'étranger autorisé.* — 1º L'étranger admis à domicile ne jouit point des droits politiques et quasi-politiques ; 2º Ses enfants ne sont pas, dans tous les cas, Français de plein droit (Loi du 26 juin 1889) ; 3º La loi étrangère régit son statut personnel (la naturalisation transformerait ce statut en statut personnel français) ; 4º Il peut être expulsé, par décision ministérielle, pour une durée de deux mois au plus. Cette durée devient indéfinie, quand le Chef de l'État révoque l'autorisation de domicile.

Appendice. — **Sociétés étrangères.** — Les Sociétés commerciales, personnes morales, ont une nationalité. Une société est française lorsque, fondée en France d'après la loi française, elle a, en France, son siège social. — La loi du 30 mai 1857 décidait, à propos des sociétés belges : « Les sociétés soumises à l'autorisation du gouvernement belge, et qui l'ont obtenue, peuvent exercer tous leurs droits et ester en justice en France. Un décret en conseil d'Etat peut appliquer ces dispositions à tous autres pays. » Beaucoup de semblables décrets ont généralisé cette loi de 1857. Mais ces sociétés étrangères, soumises en principe à leur loi nationale, sont, en France, soumises aux lois de police et de sûreté, ainsi qu'à celles du statut réel français.

CHAPITRE II

JUGEMENTS RENDUS ET ACTES PASSÉS A L'ÉTRANGER.

Section I. — Jugements. — Lorsqu'un jugement a été rendu par un tribunal français, il produit trois effets : — 1º il a force exécutoire ; — 2º il permet d'inscrire une hypothèque judiciaire ; — 3º il a l'autorité de la chose jugée. — Il n'en est pas ainsi en France des jugements rendus par les tribunaux étrangers.

§ 1. — L'art. 121 de l'ordonnance du 25 janvier 1629 (Code Michaud) s'occupait des jugements rendus en pays étrangers. Aujourd'hui les art. 2123, C. civ. et 546, C. pr., régissent la matière, en décidant que : aucun jugement rendu à l'étranger ne peut recevoir d'exécution forcée en France, permettre d'y inscrire hypothèque judiciaire ou y avoir autorité de chose jugée, si, au préalable, il n'a été rendu exécutoire par un tribunal français.

§ 2. — Avant de donner l'exequatur au jugement étranger, le tribunal français doit examiner, réviser ce jugement. Mais cette révision porte-t-elle sur le fond même du jugement? Remet-elle en question la cause tout entière? Il y a controverse sur ce point.

1er *système*. — Les tribunaux français doivent réviser en entier et au fond la sentence qui leur est soumise, sans distinction d'après la nationalité des parties en cause.

2e *système*. — Le tribunal français doit nécessairement reviser au fond le jugement étranger s'il a été rendu *contre* un Français. (C'était déjà la théorie de l'ordonnance de 1629). Le jugement rendu *en faveur* d'un Français ne serait revisé que quant à la forme.

3e *système*. — Les tribunaux français appelés à déclarer exécutoire un jugement étranger n'ont pas à reviser en entier et au fond, au point de vue de l'intérêt privé, la sentence qui leur est soumise ; ils doivent se borner à vérifier si l'acte qu'on leur présente réunit les conditions nécessaires pour constituer un jugement valable dans le lieu où il est rendu ; s'il émane de juges compétents, s'il est passé en force de chose jugée, s'il n'est contraire à aucune loi d'ordre public en France, et enfin si la loi étrangère a été appliquée sans rien qui doive, dans l'intérêt de la commune justice des peuples civilisés, dicter au juge français des appréciations différentes.

Quoi qu'il en soit, des *traités internationaux* fixent le droit de révision entre la France et 1º la Suisse (traité du 15 juin 1869) ; 2º l'Italie (convention du 1er sept. 1860) ; 3º le Grand-Duché de Bade (16 avril 1846) et 4º l'Alsace-Lorraine (convention additionnelle au traité de Francfort, 11 déc. 1871) : — la *forme seule* doit être révisée.

La demande tendant à faire déclarer exécutoire en France un jugement rendu en pays étranger doit être intentée en la forme ordinaire, par assignation à la partie adverse, et portée à l'audience publique (du moins quand on reconnaît aux tribunaux français le droit de reviser le *fond* ; sinon une requête suffirait). Cette « action en exequatur » est susceptible, en principe, du double degré de juridiction.

Le tribunal compétent est, suivant les cas, celui de la résidence de l'étranger défendeur ou celui de la situation des biens sur lesquels l'exécution doit être poursuivie. Si les tribunaux français devaient reviser *le fond* de l'affaire, le tribunal compétent serait le tribunal civil ou le tribunal de commerce suivant que l'affaire serait civile ou commerciale. S'ils ne devaient reviser que *la forme*, le tribunal compétent serait toujours le tribunal civil. En tous cas les cours d'appel seraient seules compétentes, au cas où la décision émanerait d'une cour souveraine étrangère.

Section II. — De la faillite. — Un commerçant possède à l'étranger soit des établissements de commerce, soit des biens ; ou bien encore il a, à l'étranger, des créanciers.

S'il tombe en faillite, quel est le tribunal compétent ? Cette faillite produit-elle ses effets partout ? Une autre faillite peut-elle être prononcée dans un autre pays par un autre tribunal ?

Dans un *premier système* on dit que, dans chaque Etat, la justice locale est compétente pour prononcer la faillite de tout commerçant. Par suite, dans chaque Etat, la faillite prononcée par un tribunal étranger est nulle et de nul effet. Enfin, dans chaque Etat, la faillite d'un commerçant peut être déclarée nonobstant la déclaration de faillite prononcée par un autre tribunal d'un autre pays. Il y a donc autant de faillites possibles pour un commerçant qu'il y a de pays où il a des biens ou des créanciers. — Tous ces résultats sont résumés dans cette formule : *la faillite est territoriale.*

Un *second système*, plus récent, soutient au contraire que la faillite doit être unique, indivisible et universelle. Donc : 1° un seul tribunal peut déclarer la faillite : c'est celui où le commerçant a son domicile ; — 2° la faillite doit produire ses effets partout où le commerçant a des intérêts et cela sans qu'il soit besoin de donner l'exequatur au jugement déclaratif ; — 3° une fois déclarée par le seul tribunal compétent, la faillite ne peut plus être déclarée ailleurs. Ce système domine en Italie. De même, le 29 janvier 1887, la cour suprême de Christiania a déclaré que la faillite déclarée en Angleterre produit ses effets en Norvège et comprend les biens du débiteur situés en ce pays, sans qu'il y soit besoin d'une déclaration spéciale de faillite.

De ces deux systèmes, le premier est le préférable : *tot patrimonia quot territoria.*

D'après le traité de 1869 avec la Suisse, la faillite d'un Français ayant un établissement de commerce en Suisse *pourra* être prononcée par le tribunal de sa résidence en Suisse, et réciproquement. Après exequatur le jugement déclaratif prononcé dans l'un des deux pays peut produire ses effets dans l'autre.

Section III. — Sentences arbitrales rendues en pays étranger. — Si la sentence arbitrale est rendue en vertu d'un arbitrage *volontaire*, créé par les parties de leur plein gré, la sentence arbitrale sera exécutoire en France en vertu d'une ordonnance du président (V. *Procédure civile*, p. 8). Si, au contraire, l'arbitrage était *forcé*, comme il l'était quelquefois en France avant la loi du 17 juillet 1856 (*Proc. civ.*, p. 8), la sentence arbitrale a le caractère d'un jugement, et les règles concernant les jugements étrangers s'appliqueraient ici.

Section IV. — Sur les *actes* authentiques reçus par des officiers publics étrangers, sur leur force probante, et les conditions auxquelles ils peuvent devenir exécutoires en France, nous renvoyons *infrà*, au développement relatif à la règle *locus regit actum.*

4

TROISIÈME PARTIE

CONFLITS DE LOIS

Lorsqu'une personne habite hors du territoire de l'État dont elle est le sujet, ou encore lorsqu'elle passe des contrats (ou acquiert des biens) hors de ce territoire, on peut hésiter, *a priori*, entre plusieurs lois à appliquer, quand il s'agit de trancher une contestation concernant l'état et la capacité de cette personne, ou ses contrats, ou ses acquisitions.

Une fois déterminé le tribunal compétent (1) on peut ici, en effet, hésiter entre la loi nationale de l'individu, celle de son domicile actuel, celle du lieu où les biens sont situés. On dit alors qu'il y a conflit entre les diverses lois, conflit qu'il faut résoudre en déterminant quelle est, au cas de procès, celle de ces lois qui est « compétente », et devra être appliquée à l'exclusion des autres. — Exemple : un Belge vend à un Italien, à Londres, un immeuble situé en France ; le prix est payable en Espagne. — Une contestation naît à propos de cette vente. Quelle loi un tribunal compétent, français par exemple, saisi de cette contestation, appliquera-t-il ? la loi belge ? la loi italienne ? la loi anglaise ? la loi française ? la loi espagnole ? — Ce sont des difficultés de ce genre que la théorie du conflit des lois se propose de trancher.

Histoire de la théorie des statuts. — Si nous recherchons quelles furent, dans l'ancien droit, les règles formulées pour résoudre de semblables conflits, nous distinguerons trois doctrines :

1° *Doctrine italienne.* — Les Glossateurs (Accurse, Bartole, Balde) auxquels se rattachèrent plus tard, en France, Pierre de Belleperche et *Dumoulin*, ont cherché à distinguer les lois personnelles et les lois réelles (*suprà*, p. 22).

Ils ont compris notamment que les lois concernant l'état et la capacité des personnes devaient s'attacher à l'individu, le suivre partout où il se trouverait, ne pas dépendre d'un simple changement de résidence ; alors que, d'autre part, la législation relative aux immeubles devait présenter un caractère de fixité indépendant de la nationalité de leur propriétaire. — Le principe de la *territorialité des lois*, principe essentiellement féodal, dut, alors qu'il était équitable d'en décider ainsi, surtout dans les règles relatives à l'état et à la capacité des personnes, et dans les autres matières plus ou moins connexes, faire place au principe, de plus en plus élargi, de la *personnalité des lois*, chacun, où qu'il résidât, étant, quant à ces matières, régi par sa loi d'origine, par son *statut personnel*. — Ce mot *statut* était employé pour désigner les coutumes des villes lombardes dont les rapports fréquents, à partir du XIIIe siècle, donnèrent naissance à cette théorie des statuts. — La doctrine italienne tend en somme à faire, de la personnalité, le droit commun.

---

1. Nous avons vu p. 17 et suiv. quelles règles de compétence la législation française formule au cas où des étrangers sont, en France, parties aux procès. Mais tous les États n'ont pas des règles identiques.

En la forme, les Glossateurs rattachaient leur doctrine au commentaire de la loi I, liv. I, tit. I, du code de Justinien, c'est-à-dire à la loi « *Cunctos populos* », laquelle, d'ailleurs, n'a qu'un rapport fort lointain avec notre matière.

2° *Doctrine française.* — La coutume fut, on le sait, sous le régime féodal, essentiellement territoriale (*Hist. du droit*, p. 50). La doctrine italienne, développée en France par Pierre de Belleperche et Jean Fabre, finit par pénétrer la doctrine de la territorialité pure, et l'état et la capacité des personnes furent régis par la loi d'origine de celles-ci.

Mais la personnalité des lois ne put se développer davantage, car elle fut vivement attaquée par le jurisconsulte breton Bertrand d'Argentré (1519-1590), partisan de la féodalité, et dont les idées furent reprises au XVIIIe siècle par Boullenois et Bouhier. — Ces divers jurisconsultes estiment que toutes les lois se divisent en deux catégories : Le statut réel est la règle ; le statut personnel n'est que l'exception.

Mais on était loin de s'entendre sur les dispositions légales qu'il fallait faire entrer dans le statut réel ou dans le statut personnel. — Il existe, en effet, des lois qui s'appliquent à la fois aux biens et aux personnes (ex. : un *mineur* ne peut *personnellement* aliéner ses *immeubles*). D'Argentré, pour ces lois, admettait les statuts *mixtes* et les faisait, naturellement, rentrer dans le statut réel, alors que son adversaire, Dumoulin, plutôt partisan des doctrines italiennes, cherchait au contraire à étendre, quant à ces lois, le domaine de la personnalité.

3° *Doctrine Hollandaise.* — Dans cette théorie, dont Paul et Jean Voët sont les représentants les plus connus, on reconnaît bien que les lois sont, considérées en elles-mêmes, personnelles, réelles, et même mixtes, mais on ne tire de cette distinction aucune conséquence en ce qui concerne l'étendue d'application de la loi : toutes les lois sont, à ce point de vue, territoriales, réelles ; elles ont un empire exclusif sur le territoire tout entier, et n'ont, inversement, aucune force sur le territoire d'un autre État.

Cependant, *par pure courtoisie internationale*, et sans y être nullement tenu, un État peut ordonner à ses tribunaux d'appliquer en certaines matières, à des étrangers résidant dans cet État, leur loi personnelle.

Aujourd'hui encore, les conflits de lois sont un des problèmes les plus importants du droit international privé, et de nombreux systèmes ont été proposés pour les résoudre. — Parmi ces systèmes, il en est trois principaux.

Dans un *premier système*, on admet que la loi n'a de force que dans les limites du territoire de l'État dont elle émane, et que, dans ces limites, elle est absolue et ne souffre l'intervention d'aucune autre loi. Il en résulte que l'étranger doit être régi exclusivement par les lois du pays sur le territoire duquel il se trouve, quelles que soient les dispositions de sa législation nationale. C'est la doctrine hollandaise, admise encore aujourd'hui en Angleterre et aux États-Unis.

Ce système repose sur l'idée que les nations, étant égales et indépendantes les unes des autres, peuvent, en vertu de leur droit de souveraineté, établir telles lois que bon leur semble dans les limites de leur territoire, et refuser toute force obligatoire aux lois étrangères.

Une pareille théorie, appliquée rigoureusement, conduirait à des résultats inadmissibles, et serait une entrave aux relations internationales. Ainsi, dans l'hypothèse d'un contrat valable d'après la loi du pays dans lequel il a été passé, et nul d'après la législation du pays où il doit recevoir son exécution, l'application de la théorie qui vient d'être exposée aboutirait à consacrer une véritable injustice, et à sanctionner le manque de foi de l'une des parties au contrat. Pour ne pas arriver à de semblables conséquences, le premier système enseigne que, *en fait*, chaque souveraineté doit, *par courtoisie*, et pour entretenir de bonnes relations avec les autres États, admettre dans une certaine mesure l'application, par ses tribunaux, des dispositions des lois étrangères : c'est le système de la *comitas gentium*.

Le système de la *comitas gentium* est assez généralement rejeté. Cette théorie, n'admettant l'application des lois étrangères que par intérêt, on est amené, avec elle, à écarter cette application toutes les fois que l'intérêt des nationaux l'exige, ce qui conduit à l'arbitraire.

Dans un *second système*, connu sous le nom de *personnalité du droit*, on enseigne que la personne doit toujours être régie par sa loi nationale, en quelque lieu qu'elle se trouve, et quels que soient les droits dont elle réclame le bénéfice, car cette personne, où qu'elle soit, conserve toujours les qualités physiques et morales qui motivent sa soumission à un droit spécial, celui de son pays.

Mais le principe de la personnalité du droit est, lui aussi, trop absolu ; ses partisans lui apportent d'importantes exceptions. S'il est vrai, disent-ils, que c'est en principe la loi nationale de la personne qui doit la régir en quelque lieu qu'elle se trouve, il faut d'abord faire une exception pour les dispositions de cette loi qui seront contraires aux règles d'ordre public de la législation territoriale ; on ne peut pas concevoir, en effet, qu'un État laisse ses tribunaux appliquer les dispositions d'une loi qu'il considère comme pouvant être une cause de trouble pour son organisation sociale. — Une deuxième restriction doit être admise pour les dispositions de la loi qui ne font qu'interpréter l'intention des parties car, dans ce cas, la volonté de l'homme est souveraine. — Enfin, il faut encore admettre une restriction à l'application de la loi nationale en ce qui concerne la forme des actes ; en cette matière, en effet, on doit appliquer la règle *locus regit actum*, d'après laquelle on peut faire un acte en pays étranger en observant les formes prescrites par la loi locale, car cette règle, qui est d'ailleurs admise aujourd'hui par tous les auteurs et par toutes les législations, s'impose en raison des nécessités de la pratique.

Par suite de ce grand nombre d'exceptions qu'on admet dans le système de la personnalité, il semble préférable de ne pas considérer cette personnalité comme le principe fondamental. — Il suffit alors d'établir des distinctions entre les diverses espèces de rapports de droit et de déterminer, pour chacune d'elles, quelle est la loi qui doit la régir. — C'est un *troisième système*. — Il se rattache au système de l'école italienne, et aux idées des Glossateurs.

Ce dernier système est celui qui semble avoir été été adopté par les rédacteurs du Code civil, qui n'ont cependant pas complétement rejeté l'ancienne doctrine française. — Ils ont, en effet, dans l'art. 3, établi des distinctions entre les dispositions de nos lois, et ils ont donné, pour chaque cas, la solution qui leur a paru la plus équitable : « Les lois de police et de sureté, dit l'art. 3, obligent tous ceux qui habitent le territoire. — Les immeubles, même ceux possédés par des étrangers, sont régis par la loi française. — Les lois concernant l'état et la capacité des personnes régissent les Français, même résidant en pays étranger. »

Nous conformant au troisième système, nous examinerons successivement, pour les diverses matières du droit, quelle est, en cas de conflit entre plusieurs législations, la loi qui doit régir les rapports de droit.

Remarquons-le immédiatement, les règles résultant : des dispositions de nos lois (lorsque celles-ci ont prévu et réglé le conflit), — des usages internationaux, — des opinions admises en doctrine et en jurisprudence, forment le droit commun pour la solution du conflit des lois. — A côté de ce droit commun, il existe un droit spécial résultant de plusieurs traités qui, sur certains points, nous lient avec les puissances étrangères.

CHAPITRE I

DES LOIS DE POLICE ET DE SÛRETÉ.

L'art. 3, al. 1, C. civ., dispose que « les lois de police et de sûreté obligent tous ceux qui habitent le territoire ». Elles s'imposent donc, en France, et c'est de toute justice, même aux étrangers.

Quelles sont ces lois ? — Nous y comprendrons d'abord celles qui forment le droit public de chaque Etat, c'est-à-dire celles qui déterminent le gouvernement et la constitution du pays, qui règlent l'exercice de la souveraineté, l'organisation judiciaire, la compétence des tribunaux, qui fixent les droits du citoyen et leur assignent des limites, notamment les lois pénales, ou encore, par exemple, la loi réglementant l'emploi des mineurs dans les manufactures. — De même, les formes de la procédure sont toujours régies par la loi du pays où la demande est portée. — De plus, *en matière civile*, les dispositions d'ordre public international, ou d'ordre public absolu, s'imposent en France aux étrangers ; dans ce qui va suivre, nous retrouverons cette dernière règle.

CHAPITRE II

DES LOIS RELATIVES A L'ÉTAT ET A LA CAPACITÉ DES PERSONNES.

Section I. — Etat et capacité des Français en pays étranger. — On désigne sous le nom de *lois personnelles*, ou de *statuts personnels*, toutes les dispositions législatives qui ont pour objet de régler l'état et la capacité des personnes : « telles sont notamment, disent MM. Aubry et Rau, les dispositions qui règlent la jouissance, l'exercice, et la privation des droits civils ; la majorité et la minorité, l'émancipation, les causes et les effets de l'interdiction ; la preuve de la paternité et de la filiation légitime ou naturelle. Telles sont encore les dispositions spécialement relatives à la capacité requise en matière de mariage ou d'adoption, et aux modifications que le mariage ou l'adoption apporte à la capacité de la femme mariée ou de l'adopté. »

Ces lois suivent la personne en quelque lieu qu'elle se trouve : l'état et la capacité des personnes sont, en effet, inséparables de la personne elle-même, et l'on concevrait difficilement soit qu'un individu devienne majeur, de mineur qu'il était, soit qu'il soit marié ou non, enfant légitime ou naturel, selon qu'il passe du territoire d'un Etat sur celui d'un autre Etat.

Mais les auteurs ne sont pas d'accord quand il s'agit de déterminer, en droit pur, quelle est la loi qui doit régir l'état et la capacité de la personne. Les uns soutiennent qu'il faut appliquer la loi *du domicile* ; les autres se prononcent en faveur de la loi *nationale*.

Quoi qu'il en soit, en ce qui concerne l'état et la capacité des Français en pays étranger, il est certain que c'est la loi française qu'il faut appliquer, quel que soit le lieu où ces Français ont leur domicile. — Art. 3, C. civ. — Ce qui veut dire que la loi française ne considérera pas comme valable en France un acte qui, passé dans un autre État conformément aux règles du statut personnel de cet autre État, ne serait pas conforme au statut personnel français. Quant à l'État dans lequel l'acte a été passé conformément à ses propres lois, il est libre de décider, s'il l'estime bon d'après sa manière de trancher le conflit de lois, que *chez lui* cet acte est valable. Dans les développements qui suivent, cette *très importante remarque* ne doit pas être perdue de vue.

On a souvent conclu des termes de l'art. 3 qu'il fallait, en France, considérer les tribunaux étrangers comme étant, en règle générale, incompétents pour statuer sur les contestations relatives à l'état et à la capacité des personnes. — Cette opinion semble inexacte. — Les jugements étrangers statuant sur l'état et la capacité des Français pourront, croyons-nous, produire leurs effets en France, pourvu qu'ils aient été rendus conformément aux dispositions de la loi française.

Il importe maintenant de déterminer, avec quelques détails, celles des dispositions de nos lois qui sont relatives à l'état et à la capacité des personnes, et qui ont été, d'une manière générale, indiquées plus haut.

§ 1. — Absence. — L'absent est, dans une certaine mesure, un incapable dont la loi protège les intérêts. — Parmi les dispositions légales qui suivent le Français en pays étranger, il faut compter celles qui déterminent les conditions requises pour qu'il puisse y avoir déclaration d'absence et les délais dans lesquels cette déclaration peut avoir lieu. — Mais les mesures provisoires en vue de la conservation des biens ne régissent que les biens situés en France ; elles ne font pas partie du statut personnel.

Quant aux dispositions qui déterminent les effets de la déclaration d'absence, il faut distinguer entre celles relatives au conjoint de l'absent et à ses enfants mineurs, et celles relatives aux biens. — Les premières rentrent dans le statut personnel. — Pour les secondes il y a controverse : Parmi les auteurs, les uns les rattachent au statut personnel ; les autres décident qu'elles font partie du droit successoral et que ce sont les règles relatives aux conflits de lois en matière de successions qu'il faut appliquer.

§ 2. — Mariage. — En matière de mariage, les règles relatives aux conditions de fond qui doivent être remplies pour qu'il soit possible, rentrent dans le statut personnel. — Ce sont en effet des lois relatives à l'état et à la capacité des personnes, lois qui doivent régir les Français en pays étranger (art. 3 ; — *adde* : art. 170, C. civ.).

Le Français mineur quant au mariage ne peut donc pas contracter mariage en pays étranger sans le consentement de ses parents, conformément aux dispositions de la loi française. Et dans le cas où le mariage a lieu sans ce consentement, les tribunaux français en prononcent la nullité. Mais, après quelques hésitations, la jurisprudence reconnaît que le défaut d'acte respectueux (Loi du 20 juin 1896) n'entraîne pas plus nullité du mariage célébré à l'étranger que si le mariage avait été célébré en France.

Les Français ne peuvent pas contracter mariage en pays étranger contrairement aux dispositions du Code civil qui prohibent le mariage pour cause de parenté ou d'alliance. De même, le mariage contracté par un Français en pays étranger pourra être annulé en France pour violence ou erreur, mais non pour cause de dol, quelles que soient, sur ce dernier point, les dispositions de la loi du lieu où le mariage a été contracté.

Quand les époux sont de nationalités différentes, on a proposé d'appliquer, en ce qui concerne les conditions de capacité pour contracter mariage, une seule loi, celle du mari. Mais cette opinion, formulée par Savigny, est généralement rejetée, et l'on admet que chacun des époux doit remplir les conditions requises par sa loi nationale.

Supposons qu'un mariage contracté par des Français en pays étranger soit nul pour incapacité des époux ou pour vices du consentement : les dispositions de la loi française relatives à l'action en nullité doivent alors être appliquées. C'est donc d'après la loi française que l'on détermine quelles personnes peuvent intenter l'action en nullité, et quelles fins de non-recevoir peuvent lui être opposées.

La loi française qui régit nos nationaux en pays étranger pour les conditions de validité du mariage les régit également en ce qui concerne les effets du mariage. — Ainsi le Français résidant en pays étranger ne pourrait pas, en vertu de la puissance paternelle, exercer un droit de correction et de séquestration qui ne lui appartient pas d'après la loi française, alors même que ce droit lui serait accordé par la loi locale, la loi anglaise par ex. —. Il en est de même de l'incapacité de la femme mariée : la femme mariée, de nationalité française, ne peut faire aucun acte valable, même en pays étranger, si elle n'a pas obtenu le consentement de son mari, conformément aux dispositions de la loi française.

Divorce et séparation de corps. — Les dispositions de la loi française en cette matière font partie des lois qui doivent, aux termes de l'article 3 du Code civil, régir les Français en pays étranger. — Ainsi les époux français ont le droit de faire prononcer le divorce ou la séparation de corps par un tribunal étranger, mais seulement pour une cause reconnue par la loi française : le divorce (ou la séparation de corps) prononcé à l'étranger entre époux français, pour une cause qui n'est pas admise par leur loi nationale, devra être considéré comme non avenu en France.

Et si l'un des époux français a changé de nationalité, l'autre époux resté français pourra toujours saisir les tribunaux français d'une demande en séparation de corps ou en divorce, conformément aux dispositions de sa loi nationale, quand même ces causes de dissolution de mariage seraient prohibées par la législation sous l'empire de laquelle s'est placé l'époux ex français. — Par contre l'étranger qui s'est fait naturaliser français ne peut pas, du moins dans une opinion, se prévaloir de sa nouvelle qualité pour demander le divorce alors que la loi nationale de son conjoint resté étranger n'admet pas cette cause de dissolution du mariage. — La jurisprudence belge admet une règle inverse.

§ 3. — **Filiation.** — A. — La *filiation légitime* est une conséquence du mariage et elle est, comme lui, régie par la loi nationale de la personne. — Dans le cas où, par suite de l'application du *jus soli* par ex., les parents et l'enfant n'ont pas la même nationalité, les uns appliquent la loi sous l'empire de laquelle était le mari au jour de la naissance de l'enfant, les autres décident qu'on doit appliquer la loi qui régit l'enfant au jour de sa naissance.

La règle d'après laquelle les dispositions relatives à la filiation rentrent dans le statut personnel s'applique certainement à la présomption « *pater is est quem nuptiæ demonstrant* ». — C'est donc d'après l'art. 312 du Code civil que l'on décidera à l'égard des Français, où qu'ils se trouvent, si l'enfant né pendant le mariage doit être considéré comme enfant légitime. — Il en est de même des dispositions relatives à l'action en désaveu, par ex. des délais dans lesquels elle peut être intentée.

Quant aux modes de preuve de la filiation légitime, les uns proposent d'appliquer la loi du lieu de la naissance, par une interprétation extensive, exagérée d'après nous, de la règle « *locus regit actum* ». — Les autres estiment que c'est la loi française seule qui doit déterminer quels sont les modes de preuve de la filiation légitime, lorsqu'il s'agit de Français nés en pays étranger.

B. — Les règles relatives à la *filiation naturelle* et aux modes de preuve de cette filiation font également partie du statut personnel, et suivent les Français en pays étranger. — Ainsi les enfants nés d'un Français en pays étranger ne peuvent pas être admis à justifier, à l'aide de la possession d'état, de leur qualité d'enfants naturels, quelles que soient, en cette matière, les dispositions de la loi du lieu de leur naissance.

Mais la forme dans laquelle doit être constatée la déclaration de reconnaissance émanée des père et mère de l'enfant est une question relative à la forme des actes ; c'est, par conséquent, la loi du lieu où cette déclaration est faite que l'on doit appliquer : *locus regit actum*. — Ex. : serait valable une reconnaissance faite dans l'acte de baptême si, dans le droit du pays où il a lieu, l'acte de baptême équivaut à l'acte de naissance.

Pour la filiation naturelle, comme pour la filiation légitime, c'est la loi nationale de l'individu au jour de la naissance qu'il faut appliquer. — Par ex., l'acquisition de la nationalité française n'aurait pas pour effet de soumettre l'enfant, étranger au moment de sa naissance, aux dispositions de notre loi en matière de filiation naturelle. Ce point, cependant, est contesté.

§ 4. — **Légitimation.** — La légitimation des enfants naturels rentre dans le statut personnel : c'est d'après la loi française qu'il faut déterminer quels sont les modes de légitimation permis aux Français en pays étranger et les conditions requises pour que la légitimation soit valable (art. 331, C. civ.) : Le mariage subséquent est donc seul possible.

Si l'enfant n'a pas la même nationalité que ses père et mère, la loi du père sera considérée comme seule compétente pour régir la légitimation par mariage subséquent ; la légitimation est, en effet, une conséquence du mariage et, comme telle, doit être soumise à la compétence de la loi du mari. — Par exemple, le mariage célébré en Angleterre entre un Anglais et une Française ne pourrait pas conférer, le cas échéant, la légitimation, que la loi anglaise n'admet pas dans cette hypothèse ; — inversement le mariage célébré en Angleterre entre un Français et une Anglaise pourrait, le cas échéant, conférer la légitimation.

§ 5. — **Adoption.** — Les dispositions relatives à l'adoption font partie du statut personnel comme celles relatives à la filiation, car l'adoption crée des rapports analogues à la filiation légitime. — C'est donc d'après la loi française qu'il faudra déterminer si des Français sont capables d'adopter ou d'être adoptés en pays étranger. — En cas de différence entre la nationalité de l'adoptant et celle de l'adopté il faut que chacun soit *capable* d'après sa loi nationale ; il n'y a pas, en effet, d'adoption valable sans le consentement de l'adopté et celui de l'adoptant.

C'est également par la loi française que seront régis les Français en pays étranger quant aux effets de l'adoption. — S'il y a différence de nationalité entre l'adoptant et l'adopté, les uns font prévaloir la loi de l'adoptant, les autres celle de l'adopté.

Quant aux conditions de forme de l'adoption (et sauf le dissentiment de M. Laurent), on admet que, puisqu'il s'agit de dispositions relatives à la forme d'un acte, il faut appliquer la règle : *locus regit actum*. — L'adoption entre Français en pays étranger serait donc valable si elle avait lieu suivant les formes prescrites par la législation locale alors même que, suivant cette législation, un acte sous seing privé serait suffisant.

§ 6. — **Obligation alimentaire.** — L'obligation alimentaire entre époux et alliés ou entre parents est une conséquence du mariage ou des rapports de paternité et de filiation. Les dispositions du Code civil en cette matière sont donc de statut personnel et s'appliquent aux Français en pays étranger. Si la question d'obligation alimentaire se pose entre personnes de nationalité différente, on applique, d'après les uns, la loi du créancier des aliments ; — d'autres exigent que l'obligation résulte de la loi de chacune des parties.

§ 7. — **Puissance paternelle.** — Les dispositions de la loi française relatives à la puissance paternelle et aux droits qui en résultent suivent nos nationaux partout où ils se trouvent. Ces droits sont, en effet, une conséquence des rapports de paternité et de filiation. Par exemple, on admet très généralement que l'usufruit légal est de statut personnel ; c'est un attribut de la puissance paternelle qui ne touche en rien à l'organisation de la propriété.

Dans une opinion on enseigne que, la puissance paternelle étant organisée dans l'intérêt de l'enfant, c'est la loi nationale de l'enfant qu'il faut appliquer à l'exercice de cette puissance lorsqu'il n'a pas la même nationalité que ses parents. — D'après une autre opinion c'est, dans tous les cas, la loi du père qui doit prévaloir (Comp. la note de M. Renault, Sirey, 78, 1, 25).

§ 8. — **Des incapables.** — C'est d'après la loi française que l'on détermine si les Français en pays étranger sont majeurs ou mineurs, car les incapacités résultant de l'âge rentrent évidemment dans le statut personnel. — Il en est de même des mesures de protection établies dans l'intérêt des mineurs, et notamment de celles établies par les dispositions relatives à la tutelle. — C'est donc d'après la loi française qu'il faut déterminer quels sont, en pays étranger, les Français qui doivent être mis en tutelle, et c'est également d'après la loi française que l'on doit organiser la tutelle. — Et lorsqu'il y a différence de nationalité entre l'enfant et ses parents, on enseigne assez généralement que l'on doit appliquer la loi de l'incapable, puisque les mesures de protection qui l'entourent sont prises dans son intérêt.

Une fois que la tutelle est régulièrement organisée, ses effets doivent se produire partout, car ils font partie du statut personnel. Le tuteur ne pourra donc faire un acte relatif aux biens du mineur qu'en observant les formalités prescrites par le statut personnel. Mais cette règle ne s'applique qu'aux formalités « *habilitantes* », c'est-à-dire à celles qui sont relatives à la capacité des personnes, comme l'autorisation du conseil de famille et l'homologation du tribunal. Quant aux formalités qui ne touchent pas à la capacité des parties, qui ne sont que des conditions de forme, il est généralement reconnu qu'elles tombent sous l'application de la règle « *Locus regit actum* ».

Les dispositions de la loi relatives à l'émancipation, à l'interdiction, au conseil judiciaire, rentrent également dans le statut personnel et donneraient lieu à des développements analogues.

Section II. — Etat et capacité des étrangers en France. — Nous avons plus haut (p. 22) posé et justifié la règle d'après laquelle les étrangers sont régis en France par leur loi nationale en matière d'état et de capacité, tout au moins dans la limite où, suivant les systèmes, on leur accorde la jouissance des droits civils. — Mais les étrangers devront cependant observer en France les dispositions de nos lois qui, bien que contraires peut-être à leur statut personnel, sont considérées en France comme étant *d'ordre public international*. — Il en est ainsi, par ex., de la disposition de l'art. 147 du Code civil qui prohibe la polygamie.

Par application de la nécessité où sont les étrangers d'observer en France les dispositions d'ordre public absolu, ou international (*suprà*, p. 29), on décide encore: 1° qu'un étranger ne pourrait user, à l'égard de sa femme ou de ses enfants, d'un droit de correction qui n'est pas reconnu par la loi française ; — 2° qu'un étranger ne pourrait obtenir le divorce pour des causes consacrées par sa loi étrangère, mais inconnues de la loi française ; — 3° qu'un étranger ne peut, en France, reconnaître un enfant adultérin, etc. — Ajoutons qu'on controverse la question de savoir si la défense faite à la femme de se remarier pendant les dix mois de viduité est d'ordre public international, ou seulement d'ordre privé (ou d'ordre public interne) : si l'on admet cette dernière solution, la défense en question pourrait être inapplicable aux femmes étrangères.

Ces exceptions une fois mises de côté, l'étranger est soumis en France, en principe, à son statut personnel. — Ainsi c'est la loi nationale de l'étranger qui détermine en France s'il est majeur et, dans le cas où il est mineur, quelle est l'étendue de son incapacité. — Les incapacités résultant d'affections mentales sont également régies par la loi nationale de l'incapable.

Notons cependant que l'application de la loi étrangère devrait être écartée si l'étranger avait dissimulé frauduleusement sa nationalité et son incapacité ; la jurisprudence a même admis souvent que cette application serait écartée lorsqu'un Français aurait, sans légèreté, sans imprudence, et avec bonne foi, traité avec un étranger, dans des matières où devrait s'appliquer normalement le statut personnel de l'étranger.

CHAPITRE III

DES LOIS RELATIVES AUX BIENS.

Section I. — Immeubles. — Pour déterminer, d'une manière générale, la loi applicable aux biens, il faut distinguer entre les meubles et les immeubles, et c'est d'après la loi de la situation que l'on doit décider quels biens sont meubles et quels biens sont immeubles. Les questions relatives à la classification des biens touchent, en effet, à l'organisation de la propriété et rentrent, à ce titre, dans l'ordre public international.

Les immeubles sont régis par la loi du lieu où ils sont situés, par la *lex rei sitæ*. Cette règle est consacrée formellement, pour les immeubles situés en France, par l'al. 2 de l'art. 3, C. civ., qui dispose que « les immeubles, même ceux possédés par des étrangers, sont régis par la loi française ». Les immeubles sont du « statut réel ».

On admet généralement que cette règle de l'art. 3 s'applique aux dispositions ayant pour objet l'organisation du régime de la propriété foncière. Ex. : Les servitudes légales, le régime des mines, l'expropriation pour cause d'utilité publique, la possession, etc... sont régis par la *lex rei sitæ*. De même la transmission des immeubles en France n'aura d'effet à l'égard des tiers que si la loi du 23 mars 1855 sur la transcription a été observée, et cela quelle que soit la nationalité de l'aliénateur ou celle de l'acquéreur.

La loi territoriale, *lex rei sitæ*, régit encore : 1° l'attribution des alluvions aux riverains ; — 2° l'acquisition par occupation ou par prescription ; — 3° la constitution des servitudes ; — 4° celle des sûretés réelles portant sur des immeubles, c'est-à-dire des privilèges immobiliers, hypothèques : mais il s'agit ici seulement des règles concernant le régime de la propriété foncière. Les conditions requises pour l'existence et la validité de la créance à laquelle, par ex., un privilège est attaché, restent soumises aux règles consacrées en matière d'obligations ; — et de plus, en matière hypothécaire par exemple, les dispositions relatives aux conditions de capacité et aux formalités habilitantes requises pour pouvoir constituer une hypothèque rentrent dans le statut personnel.

L'hypothèque légale de la femme mariée et celle du mineur reposent sur des motifs très différents de ceux qui servent de fondement aux privilèges immobiliers et à l'hypothèque judiciaire : ces derniers sont institués pour des raisons qui touchent au crédit public et à l'organisation de la justice ; l'hypothèque légale de la femme mariée et du mineur, est, au contraire, instituée uniquement dans l'intérêt particulier d'un incapable qu'elle a pour objet de protéger. — Par suite, si les privilèges immobiliers et l'hypothèque judiciaire sont régis par la loi territoriale, il ne doit pas en être de même de l'hypothèque légale ; celle-ci fait partie du statut personnel comme l'incapacité dont elle n'est qu'une conséquence. Une femme étrangère aura donc hypothèque légale sur les immeubles de son mari, situés en France, si l'hypothèque légale existe dans sa loi personnelle, et si, de plus, on n'admet pas que l'hypothèque légale soit réservée en France aux seuls Français (*supra*, p. 22).

Quant à la forme des actes en matière immobilière, on suivra celle usitée dans le pays dans lequel est passé le contrat relatif aux immeubles situés dans un autre pays : *locus regit actum*, — sauf l'importante exception contenue en l'art. 2128 du Code civil, sur laquelle nous reviendrons.

Les voies d'exécution sur les biens sont régies par la loi du lieu où ces biens sont situés. On ne peut faire des actes d'exécution qu'en vertu d'un écrit revêtu de la formule exécutoire donnée par l'autorité locale, et pour procéder à ces actes d'exécution il faut observer les formalités prescrites par la loi territoriale. Ainsi l'étranger qui voudra saisir un immeuble en France devra observer les règles prescrites par la loi française pour la saisie immobilière.

Ajoutons que les étrangers possédant des immeubles en France doivent, comme les Français, payer les impôts qui sont une charge du droit de propriété.

Section II. — Meubles. — Le Code civil ne contient aucune disposition déterminant la loi qui doit régir les meubles. Des controverses, par suite, se sont élevées.

Premier système. — Dans un *premier système*, on décide qu'il faut appliquer la *lex rei sitæ*, tout ce qui concerne le régime des biens rentrant, par sa nature, dans le statut réel. — C'est le système de Savigny.

2e système. — Dans notre ancien droit on décidait que les meubles étaient régis par la loi du domicile de leur propriétaire : *mobilia personam sequuntur*. Et cette règle est encore admise aujourd'hui par plusieurs auteurs.

3e système. — C'est la loi nationale du propriétaire et non celle du domicile de ce dernier qui doit être appliquée aux meubles.

4e système. — Si l'on admet que les meubles considérés en bloc, comme universalité, doivent suivre la loi nationale du propriétaire suivant les uns, la loi du domicile du propriétaire suivant les autres, — la loi de la situation réelle, *lex rei sitæ*, doit prévaloir tout au moins lorsqu'il s'agit des meubles considérés individuellement, *ut singuli*.

Quant au lieu où sont censés situés les meubles *incorporels* (créances), certains auteurs se réfèrent au domicile du créancier, propriétaire du droit ; — d'autres s'attachent au domicile du débiteur ; cette dernière solution est surtout préconisée quand il s'agit d'actions d'une société : elles sont situées au lieu où se trouve l'établissement débiteur.

Pour les meubles comme pour les immeubles, c'est la loi de la situation réelle qui détermine quels biens sont dans le commerce et quelle est l'étendue du droit de propriété.

D'autre part, parmi les dispositions relatives aux modes d'acquisition et de transfert de la propriété des meubles, il en est un grand nombre qui rentrent dans la compétence de la *lex rei sitæ*. Telles sont, par exemple, les mesures établies dans l'intérêt des tiers, et pour déplacer, par rapport à ceux-ci, la propriété : comme les formalités prescrites par l'art. 1690 C. civ. pour la *cession des créances*, et comme la nécessité de la tradition pour l'aliénation des meubles corporels.

Les règles relatives à la possession des meubles et à leur acquisition par prescription rentrent dans le statut réel ; les art. 2279 et 2280 s'appliquent donc à tous les meubles qui se trouvent en France. — Il en est de même des dispositions de la loi du 15 juin 1872 sur les titres au porteur perdus ou volés, au moins en ce qui concerne les oppositions et leurs effets.

De même, pour les meubles comme pour les immeubles, la loi de la situation décidera quelles créances sont privilégiées, sur quels biens peuvent être invoqués les droits de privilèges et quelles sont les conditions requises pour leur existence et leur conservation. — Les dispositions relatives au droit de gage rentrent également, en principe (1), dans la compétence de la *lex rei sitæ* ; mais il y a controverse sur la situation du droit lui-même : pour les uns, c'est le domicile du créancier ; pour les autres, c'est celui du débiteur.

Les voies d'exécution sur les meubles sont régies par la loi de la situation réelle. Par exemple, c'est la loi du lieu où sont situés les deniers frappés de saisie-arrêt qu'il faut appliquer, quelle que soit la nationalité du créancier, du débiteur, ou du tiers-saisi.

Navires. — Les navires, qui sont des meubles, ont cependant une nationalité et un port d'attache, en sorte que beaucoup d'auteurs décident que les navires sont régis par la loi du pavillon. D'autres estiment, au contraire, qu'il ne faut faire aucune différence entre les navires et les autres meubles, et qu'il faut appliquer la *lex rei sitæ*. L'intérêt de la question existe surtout en matière d'hypothèque maritime. La jurisprudence permet d'hypothéquer en

---

(1) Mais les conditions de capacité sont régies par la loi nationale des parties, et les conditions de forme obéissent à la règle *locus regit actum*.

France un navire étranger ; mais, elle se divise quant aux mesures de publicité à prendre dans l'intérêt des tiers.

CHAPITRE IV

DES LOIS QUI RÈGLENT LES DIFFÉRENTES MANIÈRES D'ACQUÉRIR.

Section I. — Successions ab intestat. — § 1. — Dans un premier système on soutient que la succession *ab intestat* est régie par la loi personnelle du *de cujus* : En s'en rapportant à la loi pour régler sa succession le défunt a vraisemblablement entendu, dit-on, s'en rapporter à sa loi personnelle, qui régit son état et sa capacité, et qu'il connaît mieux que toute autre. — Mais on sait que la détermination de la loi personnelle soulève la question controversée de savoir s'il faut entendre par là la loi nationale ou celle du domicile.

Dans une deuxième opinion on propose d'appliquer la loi de la situation des biens : on argumente ici de l'ordre public et l'on décide que les successions, tant mobilières qu'immobilières, doivent rentrer dans le statut réel.

Enfin un troisième système distingue entre la succession aux immeubles et la succession aux meubles. La première est régie par la loi de la situation réelle des biens, la *lex rei sitæ*, la seconde par la loi du domicile ou la loi nationale du défunt, en vertu de la règle : *mobilia personam sequuntur*. — Cette opinion rallie la majorité des auteurs et la jurisprudence : En sorte que la succession aux immeubles situés en France est régie par la loi française, quelle que soit la nationalité du *de cujus* ; et que la succession aux immeubles situés en pays étranger est régie par la loi étrangère, alors même que le *de cujus* serait de nationalité française. — Au surplus, pour savoir si une succession est mobilière ou immobilière, il faut se placer au jour de l'ouverture de la succession.

§ 2. — Le statut des successions mobilières est réel comme celui des successions immobilières ; c'est la loi qui régit les meubles qui est compétente en cette matière : mais la détermination de cette loi fait l'objet d'une controverse : les uns proposent d'appliquer la loi personnelle du *de cujus* ; — les autres, plus nombreux, appliquent la loi du domicile du *de cujus*. — La jurisprudence admet que la succession mobilière de *l'étranger domicilié* en France est régie par la loi française, en entendant ici par « étranger domicilié » celui admis à domicile.

Quant au domicile *de fait* que l'étranger peut avoir en France, il suffit pour faire considérer sa succession mobilière comme ouverte en France, et pour attribuer compétence aux tribunaux français ; mais le domicile *de fait* ne peut exercer aucune influence sur la loi applicable, qui est par suite, dans l'opinion commune, celle du domicile *légal* du *de cujus*. — Ajoutons que le domicile légal d'une personne est le plus souvent situé dans son pays d'origine, et, dans ce cas, la loi du domicile légal est en même temps la loi nationale. — De plus, quelques traités stipulent avec la France que la succession mobilière sera régie par la loi nationale du défunt : Traité avec l'Autriche, 11 déc. 1866, — la Russie, 1er av. 1874, — la Serbie, 18 juin 1883, — le Mexique, 27 nov. 1886.

Il est essentiel de remarquer que les règles qui précèdent souffrent exception lorsque les lois étrangères qu'il y aurait lieu d'appliquer en matière successorale sont contraires à une disposition d'ordre public international de la législation locale, c'est-à-dire de la législation du pays dans lequel le con-

flit de lois s'élève et doit être tranché. La législation locale est alors seule compétente pour régir la succession, même mobilière, de l'étranger. C'est ainsi
par ex., qu'on doit considérer comme contraire à l'ordre public international
français, l'incapacité de succéder résultant d'une condamnation emportant
mort civile, et les incapacités fondées sur la religion. — Est, inversement, d'ordre public international, la disposition de l'art. 815, C. civ., qui consacre au
profit de tout copropriétaire le droit de demander le partage et celle de l'art.
883 sur l'effet déclaratif du partage.

Ajoutons qu'un grand nombre de traités et de conventions consulaires con-
tiennent des dispositions spéciales sur les droits de succession des Français
en pays étranger et des étrangers en France. — Ces dispositions ont pour
objet de déterminer la capacité des étrangers en matière successorale, de décider quelle est la loi applicable en cette matière, de résoudre des questions de
compétence, ou d'attribuer des pouvoirs importants aux consuls des puissances contractantes.

§3. — Théorie du droit de prélèvement. — En étudiant la situation des
étrangers en France nous avons parlé de la loi du 14 juillet 1819 (*suprà*, p. 17).
Nous l'avons dit, l'art. 1er de la loi de 1819 abroge les art. 726 et 912 du Code
civil, et donne, par suite, aux étrangers, le droit de succéder, de disposer et
de recevoir, de la même manière que les Français, dans toute l'étendue de notre
territoire. Mais l'art. 2 de la loi de 1819 apporte une restriction : « Dans le cas
de partage d'une même succession entre des cohéritiers étrangers et français,
ceux-ci *prélèveront* sur les biens situés en France une portion égale à la valeur
des biens situés en pays étranger, dont ils seraient exclus à quelque titre que
ce soit, en vertu des lois et coutumes locales. »

Cette disposition a été établie uniquement dans l'intérêt des héritiers français qui, appelés à une succession composée de biens situés partie en France
et partie en pays étranger, seraient exclus des biens situés en pays étranger,
par application d'une loi étrangère. Donc les héritiers étrangers ne peuvent
exercer le prélèvement. — Les étrangers admis à domicile le peuvent-ils ?
Controverse.

La jurisprudence admet que le droit au prélèvement peut être, le cas échéant,
invoqué par un héritier français contre un autre héritier français ; sur ce point
la doctrine est divisée.

Quoi qu'il en soit, l'art. 2 de la loi de 1819 est applicable non seulement lorsque l'exclusion du cohéritier français résulte directement de la loi étrangère,
mais même lorsqu'elle résulte d'actes émanés du *de cujus* et ayant, en vertu
des dispositions de la loi étrangère, une efficacité qui leur est refusée par la
loi française.

Le privilège consacré par la loi du 14 juillet 1819 au profit des héritiers
français peut s'exercer sur tous les biens qui se trouvent en France, même sur
les meubles. Ici la règle : *mobilia personam sequuntur* est sans application,
et l'on ne doit s'occuper que de la situation réelle des meubles. Le prélèvement s'opère non seulement sur les meubles corporels, mais encore sur les
meubles incorporels situés en France, et il faut considérer comme telles les
valeurs mobilières dont les débiteurs ont leur domicile sur notre territoire.

Pour déterminer l'étendue du prélèvement à opérer on réunit fictivement
en une seule masse tous les biens situés en France ou à l'étranger, dépen-
dant de la succession, et l'on calcule, sur cette masse, quels sont les droits
respectifs des héritiers. Une fois son étendue déterminée, le prélèvement ne

peut être opéré que sur la part de biens situés en France revenant aux héritiers avantagés par la loi étrangère.

Quelques traités stipulent que les sujets des puissances contractantes seront habiles à recevoir de la même manière que les nationaux ou habitants (Autriche, 11 déc. 1866 ; — Chili, 11 sept. 1846 ; — Etats-Unis, 23 fév. 1853 ; — Suisse, 15 juin 1869). La doctrine soutient que cette clause écarte l'application de l'art. 2 loi 1819. La jurisprudence n'admet pas cette opinion.

§ 4. — DROITS DE MUTATION. — Le principe de la territorialité de l'impôt s'applique aux droits de mutation perçus pour les transmissions par succession *ab intestat* comme aux droits perçus pour les transmissions entre vifs à titre onéreux. Peu importe le lieu où la transmission s'est opérée et la nationalité du *de cujus* ou des héritiers. — Les droits sont donc seulement perçus sur les biens situés en France. Mais, de plus, les valeurs mobilières, situées à l'étranger, sont soumises aux droits de mutation en France, lorsqu'elles dépendent d'une succession qui s'ouvre en France.

Section II. — Donations et testaments. — § 1. — DONATIONS ET TESTAMENTS AYANT POUR OBJET DES IMMEUBLES. — D'après la jurisprudence, c'est, en principe, la loi de la situation réelle qui doit ici être appliquée, comme en matière de succession *ab intestat*. Mais on doit faire exception à cette règle pour certaines dispositions qui, par leur nature, échappent à la compétence de la loi de la situation.

Par exemple, en ce qui concerne les questions de capacité, il faut distinguer entre les dispositions relatives à la capacité de droit commun et celles relatives à la capacité spéciale de donner ou de recevoir à titre gratuit. Les premières rentrent incontestablement dans le statut personnel régi par la loi nationale. Les secondes rentrent, en principe, dans le statut réel comme faisant partie du droit successoral : cette dernière solution est tout au moins consacrée par la jurisprudence, lorsqu'il s'agit d'immeubles.

Les dispositions de la loi française qui prohibent les substitutions s'appliquent à tous les immeubles situés en France (art. 3 al. 2, C. civ.). Il en est de même des dispositions relatives à l'irrévocabilité des donations. Ainsi une donation de biens à venir qui n'est pas faite par contrat de mariage ne peut produire aucun effet sur des immeubles français. — Mais la révocation pour inexécution des charges ou pour ingratitude est régie par la loi applicable en matière de contrats, car ces causes de révocation reposent sur des conventions expresses ou tacites.

La capacité de révoquer les testaments est soumise à la même loi que la capacité de tester. — Quant à la forme, la révocation expresse obéit à la règle « *locus regit actum* ». La révocation tacite est fondée sur la volonté présumée du *de cujus*, et c'est la loi d'après laquelle on interprète cette volonté, qui détermine quels sont les faits entraînant révocation.

Les dispositions relatives à la réserve font partie du droit successoral et rentrent dans le statut réel. Donc, lorsqu'il s'agit d'immeubles situés en France, c'est d'après la loi française que l'on doit déterminer quels héritiers ont droit à une réserve, et quelle est l'étendue de cette réserve.

Notons, en terminant sur ce point, que, pour les partisans de la personnalité du statut des successions, c'est en principe la loi nationale ou la loi du dernier domicile du *de cujus* qui doit régir les questions relatives aux donations et aux testaments pour lesquelles la jurisprudence admet la compétence de la *lex rei sitæ*.

§ 2. — Donations et testaments ayant pour objet des meubles. — Les donations et les testaments ayant pour objet des meubles sont régis en général par la loi du domicile du disposant. Il faudrait, par conséquent, les soumettre à cette loi dans tous les cas où, pour les immeubles, la loi de la situation est compétente. — Cette loi est, cependant, écartée quelquefois par la jurisprudence : par exemple celle-ci décide que la *capacité* de disposer de ses meubles par donation ou testament fait partie du statut personnel et doit être régie par la loi nationale.

C'est la loi du domicile légal du disposant qui détermine si les donations mobilières sont, ou non, révocables. — Il en est de même pour les questions relatives aux droits des légataires et des institués, et aux exécuteurs testamentaires, lorsqu'il s'agit des meubles.

Les substitutions portant sur des meubles dépendent de la succession mobilière et sont soumises à la loi du domicile du disposant. Cependant quelques auteurs soutiennent que les règles des substitutions sont de droit public international et rentrent sous la compétence de la loi de la situation des biens.

Du reste, la loi du domicile du disposant, loi que nous admettons ici en principe, sera écartée lorsqu'il s'agira d'une loi étrangère dont les dispositions sont contraires aux principes d'ordre public international reçus en France. — Ex. : une loi interdisant, comme la loi espagnole, aux religieux cloîtrés de faire un testament.

On a soutenu que notre droit public s'opposait à ce qu'un État étranger pût acquérir ou recevoir en France. — Mais il a été jugé en sens contraire qu'un legs fait à un souverain étranger en tant que souverain est valable, alors du moins qu'il ne comprend que des meubles.

§ 3. — Droits de mutation. — Les droits de mutation perçus à raison des donations entre vifs et des legs sont soumis aux mêmes règles que les droits perçus à raison de la transmission des biens par succession *ab intestat*.

Section III. — Obligations. — § 1. — Contrats ou obligations conventionnelles. — A. — De la loi qui régit les contrats. — Les questions relatives à la *capacité* des parties qui interviennent dans un contrat, rentrent dans le statut personnel ; celles relatives à la forme tombent sous la compétence de la règle *locus regit actum*, dont nous parlerons plus loin. — Occupons-nous seulement ici des conflits qui s'élèvent au sujet des conditions de fond requises pour la validité des contrats, et au sujet de l'interprétation de la volonté des parties.

En matière de contrats, la *volonté* des parties joue le principal rôle (art. 1134 C. civ.) ; les parties jouissent de l'autonomie. En cas de conflits de lois, tout le monde est d'accord pour décider que c'est la loi à laquelle les parties s'en sont référées qui est compétente. — Mais que décider dans le silence des parties contractantes ?

Suivant M. de Savigny, c'est à la loi du lieu où le contrat doit recevoir son exécution, à la *lex loci executionis*, qu'il faut attribuer compétence.

Dans une autre opinion, on estime que les parties ont plutôt entendu s'en référer à la loi du lieu où elles contractaient (*adde :* art. 1159, C. civ.). — La compétence de la *lex loci contractus* est aujourd'hui généralement admise.

Mais il reste entendu que si les circonstances de fait permettent de croire que les parties ont eu l'intention de se soumettre à l'empire d'une loi autre que celle du lieu où le contrat a été conclu, cette loi doit être appliquée de préférence à la *lex loci contractus*.

Lorsque les contractants ont la même nationalité, il est très probable qu'ils s'en sont référés à leur loi nationale pour leurs conventions, et le juge devra appliquer cette loi de préférence à la loi du lieu où le contrat s'est formé. Cette exception à la compétence de la *lex loci contractus* est admise par presque tous les auteurs.

La détermination du lieu où le contrat s'est formé ne donne lieu à aucune difficulté quand les parties contractantes sont présentes au contrat. — Mais *quid* si celui-ci est conclu entre parties absentes, par correspondance ? Dans un premier système, on décide que le contrat se forme au lieu où l'offre est acceptée. Un deuxième système décide au contraire que les contrats par correspondance se forment au lieu d'où l'offre est partie et où l'acceptation doit être envoyée. Car c'est là que se forme réellement le concours des volontés.

B. — ÉTENDUE D'APPLICATION DE LA LOI DU CONTRAT. — En principe, rentrent sous la compétence de la *lex loci contractus* les questions de fond relatives à la formation des contrats, à leur nature, à l'étendue des obligations qui en résultent et aux diverses modalités dont ils peuvent être affectés. — Cependant quelques auteurs proposent de régir : par la loi personnelle des parties, les actions basées sur les vices du consentement ; — ou encore, par la loi personnelle de l'auteur de la confirmation, la renonciation à l'action en nullité relative....

En ce qui concerne les *effets généraux* des contrats, on distingue, *dans une opinion*, entre les *effets directs* et les *suites : 1°* Les effets directs sont ceux en considération desquels les parties ont traité, et qui résultent directement de la convention elle-même. Ces effets directs sont régis par la « *lex loci contractus* ». — 2° Les suites ou conséquences accidentelles résultant d'évènements postérieurs à la formation du contrat seront régies par la loi du lieu où se produit le fait qui leur a donné naissance (Ex. : le droit à des dommages-intérêts qui a son fondement dans la faute commise par l'une des parties). — Dans une *seconde opinion*, on soutient que la *lex loci contractus* s'applique aussi bien aux suites du contrat qu'à ses effets directs.

Le contrat de mariage a ses règles spéciales : Les époux français qui se marient à l'étranger sans contrat sont soumis au régime de droit commun du pays étranger, s'ils sont établis dans ce pays, s'ils voient habituellement pratiquer autour d'eux ce régime de droit commun. Si, au contraire, les futurs époux se sont trouvés temporairement, accidentellement, dans le pays étranger, alors qu'ils veulent revenir fixer en France leur domicile, ils seront censés mariés sous le régime de la communauté légale, s'ils n'ont pas fait de contrat (C. civ., t. III, p. 7). Revenons aux règles générales.

La *lex loci contractus* ne doit pas être admise, — et il en est de même d'une loi autre à laquelle les parties se seraient référées expressément ou tacitement, — quand les dispositions de ces lois sont contraires aux principes *d'ordre public international* de la législation du lieu où s'élève la contestation. Citons ici : les pactes sur succession future (art. 791, 1130, 1837) ; — le pacte commissoire (art. 2078 et 2088) ; — Il y a controverse pour les dispositions de la loi limitant le taux de l'intérêt.

C. — EXÉCUTION DES CONTRATS. — Il est vraisemblable que, pour les difficultés que peut soulever l'exécution des contrats, les parties ont voulu se soumettre à la *lex loci solutionis* et non à la loi du lieu où le contrat s'est formé.

C'est donc, d'après beaucoup d'auteurs, à la *lex loci solutionis* qu'il faut, dans le silence des parties, attribuer compétence en notre matière. Parmi les questions qui seront ainsi résolues d'après la *lex loci solutionis*, il faut comprendre les difficultés relatives à la délivrance et à la réception de l'objet dû.

D. — EXTINCTION DES DROITS. — Il faut se référer à la loi qui régit le contrat pour savoir quels sont les modes d'extinction des obligations : il est naturel d'admettre que la loi qui a présidé à la formation de l'obligation décide quelles sont les causes qui peuvent mettre fin à son existence.

Mais pour apprécier les modes d'extinction des obligations en eux-mêmes, et rechercher comment ils doivent être réalisés pour être valables, d'autres règles sont souvent applicables. — Par exemple, c'est la *lex loci solutionis* qui décide si l'obligation a reçu une exécution suffisante pour être éteinte. La subrogation *légale*, qui n'est qu'une conséquence du paiement, est également régie par la *lex loci solutionis* ; cette loi décidera dans quels cas et à quelles conditions le paiement produira de plein droit subrogation.

La détermination de la loi qui régit les obligations au point de vue de leur extinction par *prescription* a donné lieu à de nombreuses controverses :

1er *système*. — On appliquera la loi du domicile du créancier, titulaire de l'obligation de la prescription de laquelle il s'agit.

2e *système*. — On doit s'attacher exclusivement à la loi du domicile du débiteur, puisque c'est là qu'il doit être poursuivi, s'il n'exécute pas.

3e *système*. — On applique la loi du lieu où l'action est intentée, la *lex fori* car la prescription, dit-on, est d'ordre public international ; ce 3e système conduit souvent au même résultat que le second.

4e *système*. — C'est la *lex loci executionis* qui doit régir la prescription libératoire.

5e *système*. — L'opinion la plus généralement admise en doctrine décide que c'est la loi du contrat, la *lex loci contractus*, qui est compétente en matière de prescription libératoire : la durée d'une obligation tient, en effet, au fond du droit, que les parties en contractant ont entendu régir par la loi du contrat. — Mais beaucoup ajoutent, dans ce système, qu'il serait contraire à l'ordre public international d'admettre pour la prescription un laps de temps plus long que celui fixé par la *lex fori*.

§ 2. — Obligations qui se forment sans conventions. — Pour les quasi-contrats, on a proposé, notamment en matière de gestion d'affaires, d'attribuer compétence à la loi du lieu où les faits se réalisent (arg. art. 3, al. 1, C. civ.). Dans une autre opinion, meilleure d'après nous, on applique les règles que nous avons vues pour les contrats. Les quasi-contrats ne résultent pas, il est vrai, comme les contrats, d'un accord de volontés, mais ils sont des contrats présumés ; la loi supplée ici à l'accord des parties. Il faudra donc appliquer, suivant les distinctions vues à propos des contrats, la loi nationale, ou la loi du lieu de naissance de l'obligation, ou la loi du lieu où cette obligation doit être exécutée.

Les dispositions de la loi relatives aux actions en dommages-intérêts résultant des *délits* et des *quasi-délits* sont d'ordre public international ; — si les délits ou quasi-délits sont commis en France, la loi française sera toujours appliquée par les tribunaux français, quelle que soit la nationalité de l'auteur du délit. — Si le délit avait été commis à l'étranger et si un tribunal français avait à statuer sur ses conséquences pécuniaires, la loi du lieu où le fait délictueux a été accompli devrait, en principe, être appliquée par ce tribunal français.

CHAPITRE V

DES LOIS RELATIVES A LA PREUVE ET A LA FORME DES ACTES.

Section I. — Preuve testimoniale, — présomptions, — aveu, — serment. — En matière de preuves, il faut distinguer :

1º Les règles « ordinatoires », *ordinatoria litis*, c'est-à-dire les dispositions relatives à la forme dans laquelle les preuves doivent être, invoquées, sont des règles de *procédure* et, en cette matière, c'est la loi du tribunal saisi, la *lex fori*, qui est seule compétente. Ex : la *lex fori* déterminera la forme dans laquelle le serment doit être prêté, la forme de l'enquête, du faux incident civil, de la vérification d'écritures.

2º Pour les *decisoria litis*, c'est-à-dire pour les moyens de preuve considérés en eux-mêmes, pour les règles qui, concernant les preuves, sont étrangères à la forme, il y a controverse sur la détermination de la loi compétente. — Dans une *première opinion*, on doit appliquer la *lex fori*, comme pour les *ordinatoria litis*, car, dit-on, toutes ces questions sont du domaine de la procédure. — Dans une *seconde opinion*, on soutient que les *decisoria litis* ne sont pas du domaine de la procédure et touchent au fond du droit. En sorte qu'en matière de contrats et d'obligations on doit attribuer, en ce qui concerne les preuves, compétence à la loi du lieu, *lex loci actus*, où s'est formé le contrat qu'il s'agit de prouver : c'est, dit-on, au moment où les parties traitent, et là où elles traitent, qu'elles se préoccupent de la manière de prouver leurs conventions.

Quelques auteurs, partisans de la loi du lieu de l'acte, décident néanmoins que la preuve par témoins ne peut être admise en France pour une somme supérieure à 150 francs, parce que la prohibition de l'art. 1341 du Code civil est d'ordre public international. Mais ce dernier point est très discuté. — D'une manière plus générale, la *lex loci actus* doit être écartée lorsqu'elle contient des dispositions contraires aux principes d'ordre public international du droit en vigueur dans le pays où la preuve doit être administrée.

Quant aux présomptions, celles du fait de l'homme sont régies par la loi du lieu, *lex loci actus*. Il en est de même des présomptions légales, suivant quelques-uns.

L'aveu et le serment sont régis par la loi du lieu où s'est produit le fait que l'une des parties prétend établir par ce moyen de preuve. C'est cette loi qui décidera de leur admissibilité et de leur force probante.

Section II. — De la preuve littérale et de la règle « Locus regit actum ». — § 1. — C'est en matière de preuve littérale que l'on a fait de la règle qui attribue compétence à la loi du lieu de l'acte les applications les plus nombreuses. — L'écrit rédigé dans les formes prescrites par la loi du lieu où il a été passé est valable et peut servir de preuve en quelque lieu qu'il soit produit : cette règle est résumée dans l'adage « *locus regit actum* » et est aujourd'hui universellement acceptée (*adde* : art. 47, 170, 999, C. civ.). — Elle est nécessaire, sous peine de rendre impossibles les actes juridiques accomplis dans un pays et devant produire leurs effets dans un autre. Elle s'applique surtout aux formalités extrinsèques ou probantes : Le lieu régit la forme de l'acte.

La question de savoir si un acte est authentique ou non doit être résolue, conformément à la règle « *locus regit actum* », par la loi du lieu où cet acte a été passé. — C'est même pour les cas où un acte authentique doit être dressé que la règle a le plus d'utilité pratique, car les officiers publics du pays où l'on se trouve ne consentiront à dresser d'actes authentiques que d'après les formes en vigueur dans la législation de leur pays.

Quant aux actes reçus par les consuls, ils n'ont le caractère d'authenticité que si la loi de l'État dont dépend l'agent consulaire lui donne compétence pour recevoir des actes authentiques, et si les formalités prescrites par cette loi ont été observées. — La règle « *locus regit actum* » ne s'applique donc pas aux actes reçus par les consuls. Les chanceliers de consulat français font à l'étranger fonction de notaire, mais doivent observer les formalités prescrites pour les actes notariés français. — Les consuls n'ont, en principe, compétence que pour recevoir les actes intéressant exclusivement leurs nationaux.

Une fois revêtus de l'authenticité suivant la forme employée par la législation du pays où ils sont passés, les actes sont exécutoires en France quand ils ont reçu, d'un tribunal français, la force exécutoire (arg. art. 546, C. pr., et 2123, C. civ.) ; il faut une ordonnance du président, d'après les uns ; un jugement du tribunal entier, d'après les autres.

Conformément à la règle *locus regit actum* un acte *sous seing privé* constatant des conventions synallagmatiques n'est pas nul pour inobservation des prescriptions de l'art. 1325, C. civ., lorsque la loi du lieu où il a été passé n'exige pas la rédaction d'autant d'originaux qu'il y a de parties.

Les questions relatives à la force probante des actes rentrent sous la compétence de la règle *locus regit actum*. — Les actes authentiques étrangers font, en France, preuve complète des faits qu'ils constatent, si telles sont les dispositions de la loi du lieu où ils ont été passés. — Par contre, si la loi du lieu ne donne à l'acte authentique force probante que jusqu'à preuve contraire, il faudra appliquer les dispositions de cette loi en France.

Au lieu d'observer les prescriptions de la loi locale, les parties pourraient-elles adopter les formes de leur loi nationale, et renoncer ainsi à la règle *locus regit actum*, qui aurait alors un caractère *facultatif* ? — Il y a controverse. — On admet assez généralement que la règle *locus regit actum* n'est que facultative, mais qu'elle devient obligatoire quand les contractants n'ont pas même nationalité. — Elle n'est, en principe, dit-on, que facultative, parce qu'elle est un bénéfice accordé aux parties par des raisons d'utilité pratique, et l'on ne voit pas pourquoi cette règle s'imposerait à elles lorsqu'il leur est possible d'observer leur loi nationale.

En tous cas, pour qu'on puisse faire usage, en France, des actes passés suivant les formes étrangères, il faut qu'ils aient été légalisés par le consul de France et le ministre des affaires étrangères. Il faut, en outre, s'ils ont été rédigés en langue étrangère, qu'ils aient été traduits : ces actes ne peuvent être enregistrés que sur une traduction faite par un traducteur assermenté.

§ 2. — Après d'assez vives discussions, et bien que les raisons d'utilité pratique ne soient pas ici aussi impérieuses que pour les actes authentiques, on admet aujourd'hui que la règle *locus regit actum* s'applique aux actes *sous seing privé*. — Nous venons d'en donner un exemple. La jurisprudence l'applique également aux actes *solennels*. — On arrive ainsi à faire tomber en principe, sous l'empire de la règle *locus regit actum*, tous les actes sans exception. Cependant des difficultés s'élèvent à propos de certains actes et à raison de leur nature spéciale.

A. — *Mariage*. — Le Français emporte avec lui, à l'étranger, son statut personnel : il est régi par la loi française, même quand il se trouve à l'étranger, pour tout ce qui concerne son état et sa capacité. Donc le Français, à l'étranger, est soumis à toutes les règles de fond que le Code civil édicte pour le mariage des Français en France ; il ne peut, par ex., se marier sans consentement, sans avoir l'âge requis, etc. Seules les conditions de forme ne sont plus les mêmes : étudions celles-ci.

Les publications doivent être faites partout où elles le seraient si le mariage avait lieu en France (art. 170). Si le Français qui se trouve à l'étranger n'avait plus de domicile en France, les publications seraient faites au domicile qu'il avait avant de partir pour l'étranger.

Supposons que les publications n'aient pas été faites : Quelle sera la sanction de cette omission ? Diverses opinions ont été émises ; la solution de la jurisprudence est adoptée par beaucoup d'auteurs ; la voici : En principe, l'omission n'est pas une cause de nullité du mariage ; cette nullité est facultative pour les tribunaux, à moins que cette omission ait eu pour but de faire fraude à la loi : *fraus omnia corrumpit*, ou bien à moins que, réunie à d'autres circonstances, cette omission ait eu pour résultat de créer la clandestinité.

Le Français peut, à l'étranger, se marier suivant les formes du pays où il se trouve : *Locus regit actum*. En second lieu, les agents diplomatiques et consulaires français sont également compétents pour célébrer, à l'étranger, le mariage de *deux Français* : le consul français n'est compétent, on le sait, que s'il a juridiction sur l'une et sur l'autre des deux parties contractantes.

Dans les trois mois à partir de son retour en France, le Français doit faire transcrire son acte de mariage sur le registre des mariages de la commune où il a son nouveau domicile (art. 171, C. civ.). Il s'agit ici du Français qui s'est marié suivant les formes du pays où il se trouvait. Les mariages célébrés par les agents diplomatiques ne sont pas soumis à cette prescription parce qu'à la fin de chaque année ces agents envoient en France le double des actes qu'ils reçoivent.

Quelle est la sanction, au cas où la transcription de l'acte de mariage n'a pas été effectuée ? Le but de la transcription est d'avertir les tiers des nombreux changements que, par suite du mariage, subissent les biens des époux. Partant de cette idée fondamentale, on a proposé de décider que le mariage serait presque inexistant *par rapport aux tiers*, en d'autres termes que la femme ne pourrait leur opposer ni son incapacité de femme mariée ni son hypothèque légale. Il est évident que le législateur aurait dû, ici, protéger mieux qu'il ne l'a fait, les intérêts des tiers. Mais le silence que garde la loi sur ces conséquences si graves de l'absence de transcription prouve qu'il n'y a pas, à proprement parler, de sanction à l'art. 171 : *Le mariage produit tous ses effets.*

La jurisprudence donne cependant une action en dommages-intérêts (1382, C. civ.) à celui qui, ayant fait sur les registres de l'état-civil les recherches nécessaires et n'ayant rien trouvé, a contracté avec les époux en les considérant, de bonne foi, comme non mariés. Cette action est donnée contre celui qui, n'ayant pas fait opérer la transcription, est l'auteur du préjudice.

Remarque. — L'étranger qui se marie en France doit remplir les conditions de fond, de capacité, exigées par son statut personnel, par la loi du pays auquel il appartient. Quant aux formes de son mariage, il doit suivre celles de la loi française : *locus regit actum*.

B. — *Testaments*. — La règle *locus regit actum* est consacrée d'une manière expresse par l'art. 999, C. civ., pour les testaments des Français en pays étranger, rédigés en la forme authentique : un Français qui se trouve en pays étranger, dit cet article, pourra faire ses dispositions testamentaires par acte authentique avec les formes usitées dans le lieu où cet acte sera passé.

Mais il s'est élevé une controverse au sujet des testaments *olographes* faits par des Français en pays étranger. L'art. 999, C. civ., dispose, au sujet des testaments olographes, qu'un Français pourra faire ses dispositions testamentaires par acte sous signature privée, ainsi qu'il est prescrit en l'art. 970. L'article ne dit rien des testaments olographes faits en suivant les formes locales, alors qu'il autorise les testaments authentiques faits suivant ces formes. On en a conclu que le législateur avait voulu, pour les testaments olographes, faire exception à la règle *locus regit actum* ; l'observation des prescriptions de l'art. 970, C. civ., aura, dit-on, pour objet de garantir l'exactitude du testament et l'indépendance du testateur. — Dans une autre opinion on soutient, au contraire, que les Français peuvent tester en pays étranger, en la forme olographe, en observant les formalités de la loi étrangère relatives à cette forme olographe.

Le droit pour les *consuls* de recevoir les testaments des Français en pays étranger a été consacré d'une manière formelle par l'art. 24, liv. I, tit. IX, de l'ordonnance de 1681. On a soutenu que cet art. 24 était abrogé par l'art. 7 de la loi de ventôse ; mais cette opinion n'a pas prévalu, car la loi de ventôse n'abroge que les dispositions contraires au Code civil et celui-ci est muet sur la question qui nous occupe. — Il faut donc observer encore les formes de l'ordonnance de 1681 ; mais, de plus, il est nécessaire d'observer les règles prescrites par le Code civil pour les questions sur lesquelles l'ordonnance ne contient aucune disposition formelle (ex. : l'art. 972).

D'après la doctrine, l'étranger qui teste en France peut, s'il le préfère, observer les formes prescrites par sa loi nationale, la règle *locus regit actum* étant facultative ; la jurisprudence est en sens contraire.

Notons qu'en matière de *donations*, comme en matière de testaments, il faut appliquer, en ce qui concerne les formalités extrinsèques, la règle : *locus regit actum.*

C. — *Hypothèques conventionnelles.* — Aux termes de l'art. 2128, C. civ. les contrats passés en pays étranger ne peuvent donner hypothèque sur les immeubles situés en France. Cet article formule, à notre avis, une exception importante et assez peu justifiée à la règle « *locus regit actum* ». Cette exception souvent critiquée peut s'expliquer historiquement : dans notre ancien droit, en effet, on admettait difficilement que la force exécutoire et l'hypothèque pussent être séparées (tous les actes notariés emportaient ces deux effets). — Donc, a-t-on dit en 1804, comme un notaire étranger ne peut donner force exécutoire sur les biens de France, ce qui est certain, il ne peut pas davantage dresser un contrat hypothécaire. — Si ce dernier était possible, c'est-à-dire si l'art. 2128 n'existait pas, ce contrat permettrait au moins au créancier hypothécaire de s'assurer, par une inscription opportune, un rang de préférence efficace.

FIN.

TABLE DES MATIÈRES

Laval. — Imprimerie et stéréotypie E. JAMIN, 8, rue Rigordaine.

DU MÊME AUTEUR

Développement des matières exigées pour l'examen de doctorat (Droit pénal, Code civil, Procédure civile). — Un fort volume in-8 de 700 pages. Paris, 1894. — 1 fr., broché : 6 fr.
(Avec un complément sur la loi du 25 mars 1896 : Succession des enfants naturels).

Exposé Élémentaire de l'Histoire du Droit. — Paris, 1895. — Prix, broché : 2 fr. 50.

Exposé Élémentaire des Principes du Code civil, tome Iᵉʳ. — Paris, 1894. — Prix, broché : 3 francs.

Exposé Élémentaire des Principes du Droit constitutionnel. — Paris, 1894. — Prix, broché : 2 fr. 50.

Exposé Élémentaire des Principes du Code civil, tome II. — Paris, 1894. — Prix, broché : 3 francs.
(Avec un complément sur la loi du 25 mars 1896 : Succession des enfants naturels).

Exposé Élémentaire des Principes de la Prescription. — Paris, 1894. — Prix, broché : 1 franc.

Exposé Élémentaire des Principes du Droit Pénal. — Paris, 1894. — Prix, broché : 2 fr. 50.

Exposé élémentaire des Principes du Droit administratif. — Paris, 1896. — Prix, broché : 3 francs.

Exposé Élémentaire des Principes du Droit international Public. — Paris, 1894. — Prix, broché : 2 fr.

Exposé Élémentaire des principes du Code civil, tome III. — Paris, 1894. — Prix, broché : 3 francs.

Exposé élémentaire des principes du Droit commercial. — Paris, 1895. — Prix, broché : 3 francs.

Exposé Élémentaire de la Procédure civile. — Paris, 1894. — Prix, broché : 3 francs.

Exposé Élémentaire des Voies d'exécution. — Paris, 1894. — Prix, broché : 2 fr. 50.

Exposé Élémentaire des Principes du Code civil, contenant le développement des trois années de licence, un fort volume in-8 de 600 pages. Paris, 1894. — Prix, broché, 6 francs.
(Avec un complément sur la loi du 25 mars 1896 : Succession des enfants naturels).

La loi du 26 Juin 1889 et la Condition des Étrangers (*Droit international privé*). — Paris, 1891. — Prix, broché : 1 fr. 25.

Étude historique sur le principe de la publicité des Hypothèques. — Paris, 1885. — Prix, broché : 5 francs.

Examens de Doctorat. — Interrogations. — Droit romain. — Paris, 1895. — Prix, broché : 1 fr. 25.

Examens de doctorat. — Interrogations. — Droit français. — Paris, 1895. — Prix, broché : 1 fr. 25.